MENTIRAM para nós sobre o BRASIL

ADRIANO GIANTURCO

PhD em Ciência Política, professor e Coordenador
do Curso de Relações Internacionais do IBMEC.

MENTIRAM para nós sobre o BRASIL

Baseado em dados internacionais

Mentiram para nós Sobre o Brasil

Edições 70 é um selo da Editora Almedina do Grupo Editorial Alta Books (Starlin Alta Editora e Consultoria LTDA).

ISBN: 978-65-5427-387-9

Produção Editorial: Grupo Editorial Alta Books
Impresso no Brasil — 1ª Edição, 2025 — Edição revisada conforme o Acordo Ortográfico da Língua Portuguesa de 2009.

Dados Internacionais de Catalogação na Publicação (CIP)

G357m

Gianturco, Adriano
Mentiram para nós sobre o Brasil: Baseado em dados internacionais / Adriano Gianturco. - Rio de Janeiro: Alta Books, 2025.
224 p.; il.; 15,7 x 23 cm.

ISBN: 978-65-5427-387-9

1. Ciência politica - Brasil. 2. Sociedade - Brasil. 3. Economia - Brasil. 4. Politica e governo - Brasil. I. Titulo.

CDD 320.981

Índice para catálogo sistemático:
1. Ciência politica: Brasil 320.981

Produção Editorial: Grupo Editorial Alta Books
Diretor Editorial: Anderson Vieira
Editor da Obra: Rodrigo Mentz
Vendas Governamentais: Cristiane Mutüs
Produtora Editorial: Rita Motta

ALTA BOOKS
GRUPO EDITORIAL

Rua Viúva Cláudio, 291 — Bairro Industrial do Jacaré
CEP: 20.970-031 — Rio de Janeiro (RJ)
Tels.: (21) 3278-8069 / 3278-8419
www.altabooks.com.br — altabooks@altabooks.com.br
Ouvidoria: ouvidoria@altabooks.com.br

Editora
afiliada à:
ASSOCIADO

Dedicado às mentes abertas do país.

AGRADECIMENTOS

AGRADEÇO A ADRIANO SÉRGIO Lopes da Gama Cerqueira, Ari Araújo, Luciana Lopes Nominato Braga, Marcos Ricardo dos Santos, Diogo Costa, Marize Schons, Anthony Ling, Lucas Rodrigues Azambuja, Gustavo Maltausch, Leandro Narloch, Luisa Kneip pelas contribuições.

SUMÁRIO

INTRODUÇÃO 1

1. MITOS E MANIAS POPULARES 3

1.1 O Brasil NÃO é um país rico
1.2 NÃO vivemos em um país capitalista
1.3 "O Brasil tem boas leis, o problema é que não são aplicadas!"
1.4 A independência foi uma secessão
1.5 O Brasil NÃO é o país mais corrupto do mundo e a corrupção NÃO é o maior problema nacional
1.6 NÃO é porque o Brasil é um país novo
1.7 O problema NÃO é a cultura
1.8 Os pobres NÃO são pobres porque têm muitos filhos
1.9 A mania de se comparar com EUA, Alemanha, Suécia, Suíça e OCDE
1.10 NÃO é falta de ética e de vontade política
1.11 A culpa NÃO é da colonização
1.12 NÃO, não "faltou uma guerra"
1.13 O mito do Brasil potência mundial
1.14 Os EUA NÃO querem roubar a Amazônia
1.15 O mito do planejamento
1.16 O PSDB não é (e nunca foi) de direita

1.17 A imagem do país lá fora NÃO importa

2. COMO COMPARAR O BRASIL 51

2.1 Números absolutos e porcentagens

3. O QUE NÃO É JABUTICABA 57

3.1 "Brasileiro não gosta de trabalhar"

3.2 "O brasileiro é individualista e só quer tirar vantagem"

3.3 O Brasil NÃO tem a maior população carcerária do mundo

3.4 NÃO têm muitos municípios

3.5 Favelas. Peculiaridade ou não?

4. O QUE É JABUTICABA 73

4.1 Administração pública

4.2 Sistema judiciário. Constituição enorme, judiciário caro, foro privilegiado

4.3 Desigualdade econômica

4.4 Presidencialismo de coalizão e fragmentação partidária

4.5 Território. País enorme, grande fronteira, grandes costas, grande população, baixa densidade

4.6 Entre os países com mais LGBTQ+

4.7 Mortes nas estradas

4.8 Um dos países mais protecionistas do mundo.

4.9 Homicídios, idade penal, homicídios de policiais e prisão perpetua

4.10 Pior status dos professores

4.11 Problemas com álcool

4.12 Menores de idade que votam e voto obrigatório

4.13 O 5º país a remover mais conteúdo online

4.14 Um dos estados mais digitais do mundo

4.15 Ansiedade, bipolaridade, autismo e TDH. Alguns recordes de problemas psicológicos
4.16 Marxismo em pleno Século XXI
4.17 CEPAL. Uma teoria econômica para chamar de minha
4.18 Nacionalismo transversal
4.19 Bronzeamento artificial proibido
4.20 Os juros mais altos do planeta
4.21 Mais tempo online e mais tempo nas redes sociais
4.22 Desconhecimento do próprio país
CONCLUSÕES 183
NOTAS 187
REFERÊNCIAS 195

INTRODUÇÃO

Todo o mundo repete em continuação coisas como "O Brasil não é um país rico"; "o problema é a corrupção"; "os pobres são pobres porque têm muitos filhos"; "o problema é a cultura"; "é porque o Brasil é um país novo!"; "os EUA querem roubar a Amazônia"; "falta planejamento"; "falta ética e vontade política"; "O Brasil tem boas leis, o problema é que não são aplicadas"; "Vivemos em um país capitalista"; "Brasileiro é individualista e quer tirar vantagem em tudo"; "Brasileiro não gosta de trabalhar"; "O Brasil tem a maior população carceraria do mundo"; "O Brasil tem muitos municípios". Todo o mundo repete tudo isso, inclusive, com as mesmas palavras idênticas.

Mas será que é tudo verdade? Você já viu dados, evidências empíricas e comparações internacionais que realmente demonstrassem tudo isso ou só escutou isso a vida toda? Você chegou nessas conclusões ou simplesmente partiu dessas ideias como premissas? Você pensa isso porque você mesmo elaborou essas ideias ou porque ouviu e repete?

Vamos ver juntos o que as evidências empíricas mostram.

A intenção é fundamentar ideias, conceitos, que muitos pensam, frase que muitos repetem sem pesquisar, sem comparar, sem saber se é verdade ou não, mas simplesmente indo com a massa, no efeito manada, por força de inércia. A ideia não é criticar, ou polemizar, a ideia é esclarecer, fundamentar o debate, levantar um mínimo o nível do discurso público do senso comum.

A intenção é falar principalmente de questões com algumas repercussões políticas, econômicas, jurídicas e sociais, e tópicos sobre os quais as pessoas frequentemente pensam coisas erradas.

Aqui há evidências empíricas, rankings internacionais, mapas e tabelas, dados objetivos. Todos querem melhorar a situação do seu país, mas antes de fazer propostas é fundamental fazer o diagnostico e fazer um bom diagnostico. É como quando você vai no medico. Primeiro ele faz o diagnostico e depois o prognostico (sugere quais medicamentos tomar e qual terapia fazer). Se o medico fizesse o prognostico sem antes ter feito o diagnostico ou tendo feito um diagnostico errado, daria errado. Temos que fazer um passo atrás e fazer o diagnostico certo, porque mentiram para nós sobre o Brasil.

Esse não é um livro acadêmico como os outros que publiquei até hoje, esse é um livro mais popular para o grande público. Isso é intencional. A ideia, nesse livro, é tentar alcançar mais pessoas, alcançar o público leigo não acadêmico.

O livro é dividido em vários breves capítulos exatamente para abordar diversos tópicos de forma mais rápida, para poder ser lido por mais pessoas com mais interesse e menos tédio, os capítulos podem até ser lido de forma modular e independente até se a leitura completa e na sequência certa seria preferível.

De qualquer forma, a esperança é contribuir e incentivar a pesquisar mais, a pensar com a própria cabeça, a procurar dados e a fundamentar o que se fala.

O título é livremente inspirado no livro “Mentiram para você sobre desarmamento” de Flavio Quintella e Bené Barbosa.

1

MITOS E MANIAS POPULARES

1.1 O Brasil NÃO é um país rico

O Brasil não é um país rico. O PIB do Brasil é de 9,9 trilhões de reais, colocando o país como a 8ª economia do mundo, mas o PIB per capita (veja no capítulo 2 porque esse é o dado valido a ser tomado em consideração), é R$ 46.155,00, colocando o país na 101ª posição do ranking mundial.

O Brasil não é um país rico e nem pobre. É um país de renda média.

Após explicar isso, geralmente as pessoas repetem: "Mas é um país rico em matérias-primas". Mas ter muitas matérias-primas não significa ser rico.

Ao contrário do que se pode pensar, muitas vezes ter muitos recursos naturais valiosos é um problema. É a chamada "**maldição da abundância**". Em uma série de trabalhos publicados entre 1995 e 2001, Sachs e Warner[1] encontraram evidências empíricas de que países ricos em recursos naturais, nos quais estes têm significativa participação nas exportações, têm crescimento econômico pior que países pobres em recursos naturais. Trata-se de uma descoberta empírica. Tentando explicar *ex post* a coisa, os possíveis motivos podem ser:

1. Pouca diversificação. Geralmente, quando em um país são descobertos recursos naturais muito valiosos, grande parte do PIB acaba vindo só desses setores.

2. Empresas estatais. Quase sempre as empresas que exploram esses recursos são monopolistas estatais ou privadas em regime de concessão estatal. Logo, há ineficiência, corrupção, clientelismo, etc.

3. Quando a exploração é deixada às empresas estrangeiras, geralmente ficam livres de explorar se pagarem royalties e/ou propinas para o governo. Isso beneficia a elite política, fortalece-a e a enraíza no poder. Alguns casos interessantes são a Nigéria e a Venezuela. A Nigéria conquistou a independência em 1960 (era uma colônia inglesa); logo depois descobriram o petróleo, a comunidade internacional estava muito confiante e otimista, mas a Nigéria foi na direção da concentração de poder, guerras civis, *crony capitalism*, extrativismo, etc. A descoberta do petróleo desencadeou uma corrida a um lucro fácil por parte de vários grupos que começaram a contender o poder. Quando o prêmio é grande, atraem-se muitas e as piores pessoas. Hoje, a Nigéria é um dos países mais pobres do mundo. A história recente do declínio da Venezuela passa também pela estatização, a exploração do petróleo, com Chávez. Outros dois casos interessantes, desta vez positivos, são os EUA e a Noruega. Ambos são grandes produtores de petróleo, mas parecem refutar a maldição da abundância, por estarem entre os países mais ricos do mundo. Como se explica isso? A maldição da abundância é então refutada? Não, há uma grande diferença que explica o sucesso desses dois modelos: eles descobriram o petróleo após serem

já democracias. Quando esse valioso recurso foi descoberto, a democracia já era forte e enraizada; logo, o sistema não sofreu pressões tão fortes assim de grupos rivais para se contender prêmio a qualquer custo. O processo foi mais pacífico, ordenado, previsível, eficiente e respeitou as regras do jogo. Dessa forma, vamos adicionar uma quarta característica à maldição da abundância:

4. Regime não democrático. A abundância de recursos naturais economicamente valiosos tende a não criar problemas somente quando o regime político é democrático. Se se descobrem esses recursos sob um regime não democrático, o mecanismo de incentivos que se desencadeia é perverso[2].

Depois de tudo isso, as pessoas respondem: "ah, mas o Brasil podia ser muito melhor, né?", ou "ah, mas podia ser muito mais rico!". Resposta: "Sim, podia ser melhor e mais rico e podia ser pior e muito mais pobre também". Podia ser tudo, tem tudo para dar certo, como tem tudo para dar errado também. Ou seja, não significa nada.

Uma coisa é o país ter um PIB grande (Brasil, China, Rússia, etc.), **outra coisa é ter um PIB per capita alto** (Holanda, Dinamarca, Suécia, Finlândia, Noruega, Suíça, Mônaco, Luxemburgo, Liechtenstein, Singapura, Hong Kong, Austrália, Nova Zelândia, Chile, Coreia do Sul, Itália, Portugal, Espanha, Áustria, Bélgica, San Marino, etc.). Países ricos são esses últimos.

Eis os países com os maiores PIB per capita do mundo. **(Figura 1)**

OS 40 PAÍSES COM OS MAIORES PIB PER CAPITA DO MUNDO

2023

Luxemburgo	$ 132.372	Macau	$ 50.572
Irlanda	$ 114.581	Emirados Árabes Unidos	$ 49.452
Noruega	$ 101.103	Nova Zelândia	$ 48.827
Suíça	$ 98.767	Reino Unido	$ 46.371
Cingapura	$ 91.100	França	$ 44.408
Qatar	$ 83.891	Andorra	$ 44.387
Estados Unidos	$ 80.035	Malta	$ 36.990
Islândia	$ 75.180	Itália	$ 36.812
Dinamarca	$ 68.827	Bahamas	$ 35.459
Austrália	$ 64.964	Japão	$ 35.385
Países Baixos	$ 61.099	Brunei	$ 35.104
Áustria	$ 56.802	Taiwan	$ 33.908
Israel	$ 55.395	Chipre	$ 33.807
Suécia	$ 55.395	Kuwait	$ 33.646
Finlândia	$ 54.351	Coréia do Sul	$ 33.393
Bélgica	$ 53.378	Aruba	$ 33.094
San Marino	$ 52.950	Eslovênia	$ 32.215
Canadá	$ 52.722	Tchéquia	$ 31.368
Hong Kong	$ 52.429	Espanha	$ 31.223
Alemanha	$ 51.384	Estônia	$ 31.223

Figura 1. Ranking do maior PIB per capita do mundo. Fonte: Banco Mundial.

Se quiser comparar o Brasil com outros países com PIB similar, tem que olhar países com PIB per capita similar.

O PIB grande é importante para os governantes, o estado e a classe política pode utilizar o PIB grande como arma política para fazer "política de potência" e projeção de poder no exterior, mas isso não necessariamente se traduz em melhoras de qualidade de vida para os cidadãos e as pessoas comuns; afinal, o importante para os indivíduos é o PIB per capitas. **(Figura 2)**

Com quais países podemos portanto comparar o Brasil? Com países similares por renda per capita. Eis uma lista:

PAÍSES COM RENDA PER CAPITA SIMILAR A DO BRASIL

2022

PAÍS	PIB PER CAPITA
Turcomenistão	10.420,13
República Dominicana	10.111,25
Montenegro	9.934,59
Maurício	9.925,83
Granada	9.509,25
São Vicente e Granadinas	9.107,45
Brasil	8.917,67
Sérvia	8.802,13
Gabão	8.427,10
Dominica	8.414,54
Botsuana	7.737,65
Bielorrússia	7.642,81

Figura 2. Ranking do PIB per capita similares ao do Brasil. Fonte: Banco Mundial.

Portanto, o Brasil não é nem um país rico, nem um país pobre, é um país de renda media.

1.2 NÃO vivemos em um país capitalista

Muitos repetem "vivemos em um país capitalista". Se com "capitalista", as pessoas querem dizer "livre mercado", isso está objetivamente errado.

Existem vários rankings internacionais que medem o grau de liberdade econômica dos países e neles todos o Brasil está entre os últimos países do mundo. Vamos ver:

No *Economic Freedom Index* (do Heritage Foundation), **o Brasil está na 127ª posição** (entre 176 países) entre as economias "predominantemente não livres". **(Figura 3)**

Figura 3. Mapa da liberdade econômica (Herittage Foundation). Fonte: Elaboração própria com base nos dados da visual capitalist e heritage foundation.

Segundo o relatório *Economic Freedom of the world 2022* (da Fraser Institute), **o Brasil está na 114ª posição** (entre 123 países).

Ainda, segundo o *Doing Business* (feito até 2022 pelo Banco Mundial), **o Brasil está na 124ª posição** entre 190 países.

Não é opinião, é fato: **o Brasil é uma das economias menos livres do mundo**.

Do ponto de vista científico, na verdade, "capitalismo" não significa exatamente "livre mercado". **(Figura 4)**

Na verdade, o termo "capitalismo" nasce na literatura alemã de 1800 com autores como Marx, Brentano, Sombart, Simmel, Weber, etc. É a época do que depois foi chamado de revolução industrial. Não tinha exatamente essa consciência na época, mas se percebia que algo estava mudando. E para denominar e classificar o mundo que surgia e o sistema econômico nascente, surgiu o termo capitalismo. Um sistema diferente do precedente "feudalismo", organizado em latifúndios de propriedade dos Senhores onde trabalhavam os Servos. Os servos não tinham propriedade (privada). Viviam no terreno do Senhor, dormiam em casas, barracos ou cabanas de propriedade do Senhor, trabalhavam a terra do Senhor, o que produziam era do Senhor e até as ferramentas que utilizavam eram do Senhor.

Figura 4. Mapa da liberdade econômica (Fraser Institute). Fonte: Elaboração própria com base nos dados do Fraser Institute.

Com a revolução industrial, o mundo muda. Nasce a classe média, que quebra a dicotomia marxista entre duas classes e faz a revolução industrial. Campesinos, artesãos e agricultores abandonam os campos e as áreas rurais e vão para as cidades (em bairros periféricos, dormitórios), viram operários nas fábricas, "com nada a vender, exceto o próprio trabalho". Eis a especialização, a divisão do trabalho, a cadeia de produção (todos pensam na cena de Charlie Chaplin) e a alienação. Há uma "acumulação de capital sem precedente", as condições econômicas melhoram "como nunca antes na história". O fator de produção mais importante agora é o Capital, no qual entra também a Terra (na ciência econômica, ainda hoje se fala de K e L). Sociologicamente falando, nasce a classe dos capitalistas. Nesse sistema, não é mais o feudo/terra a mandar, mas o capital. O capital é dinheiro, tecnologia, maquinários e meios de produção. Para identificar esse novo sistema, nasce o conceito de "capitalismo".

Ou seja, **capitalismo não significa, não é e nunca foi "livre mercado"**. O livre mercado nunca existiu, é um modelo teórico da ciência econômica e um ideal dos liberais. O capitalismo é um modelo histórico. É o predomínio do capital em cima dos outros meios de produção (terra e trabalho). É um sistema de acumulação de capital sem precedente, um sistema de produção em massa, pela massa, para a massa. É um conjunto/conluio entre *big business* e *big government*.

Ainda hoje, os marxistas enxergam o capitalismo como o sistema no qual o capital domina e determina os outros aspectos da sociedade (incluindo a política) e o criticam por isso. O ideal dos liberais é o livre mercado e não o capitalismo. Os leigos confundem livre mercado e capitalismo. A história e os dados mostram que, factualmente falando, o capitalismo melhorou as condições gerais de vida e especialmente dos últimos da sociedade.

É fato que não vivemos em um sistema de livre mercado. "Capitalismo" não é "livre mercado", nunca foi, o termo não se refere a isso, não foi criado para isso, define um sistema histórico realmente existido e existente de conluio entre estado e mercado[3].

1.3 "O Brasil tem boas leis, o problema é que não são aplicadas!"

Muitos repetem "o Brasil tem boas leis, o problema é que não são aplicadas!". Errado. O Brasil tem boas leis, assim como tem leis ruins, como qualquer outro país. O problema é que tem leis demais e a maioria é ruim, inclusive. São tantas leis que até o cálculo fica difícil, e há diferentes dados. Vejam, por exemplo, os dados na **Figura 5**.

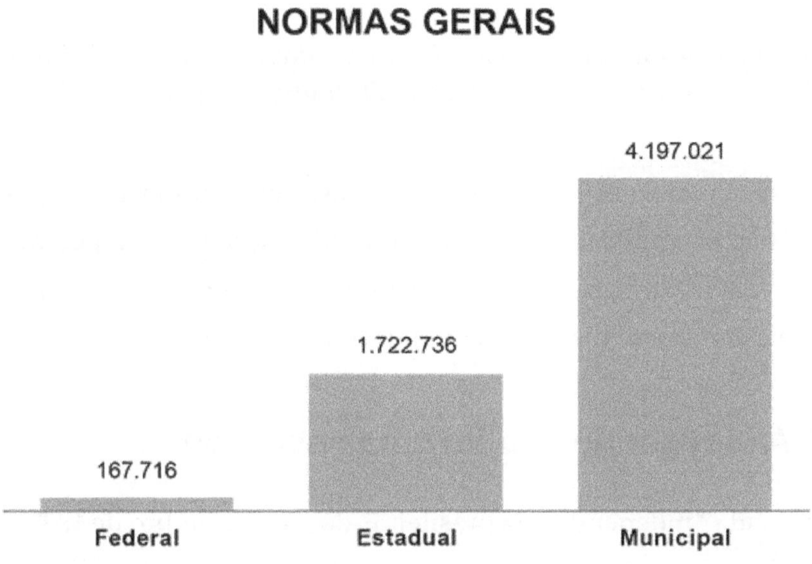

Figura 5. Número de normais gerais. Fonte: Instituto Brasileiro de Planejamento Tributário.

Vamos ver agora na **Figura 6** quantas normas são editadas em continuação.

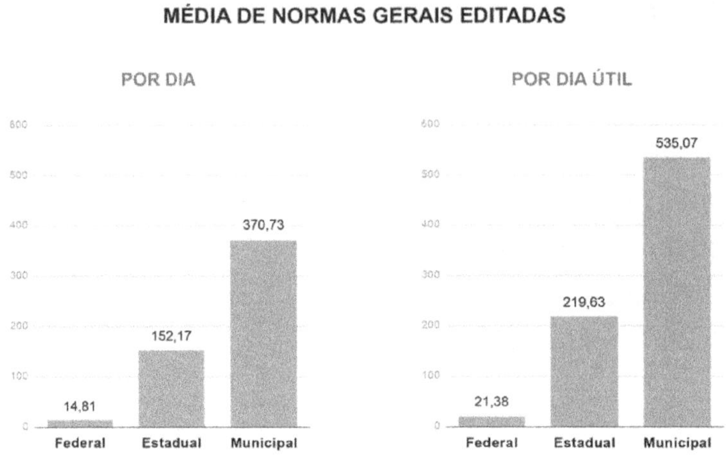

Figura 6. Número de normas editadas. Fonte: Instituto Brasileiro de Planejamento Tributário.

Ou seja, a ideia segundo a qual "o Brasil tem boas leis, o problema é que não são aplicadas!" é só de uma frase que todos repetem sem pensar e sem fundamentos empíricos. O ponto é o contrario, o Brasil tem leis demais, se fossem todas aplicadas, o Brasil pararia.

1.4 A independência foi uma secessão

A chamada "independência brasileira" do 7 de setembro de 1822 é, na verdade, uma secessão.

A separação do Brasil de Portugal, mais que um movimento de independência nacional, foi uma secessão. Secessão é um subconjunto de Independência, é um caso particular, mais específico. O que diferencia um do outro?

Quem fez a independência brasileira não foram os **índios** contra os colonizadores, foram os mesmos colonizadores que se separaram da madre pátria, diferentemente dos países africanos, onde os nativos retomaram as rédeas dos próprios países em movimentos independentistas contra os colonizadores. O caso brasileiro é similar ao americano. Nos EUA, também, não foram os índios que fizeram a independência, mas os mesmos colonizadores contra a Coroa britânica. Por isso, foi uma secessão. Já o caso da África do Sul, por exemplo, é emblemático, pois lá os nativos não conseguiram tomar o poder e os conflitos se alastram até hoje.

Um movimento de independência de um país tem características mais populares, pois representa um levante da população nativa (na colônia) contra uma elite governante local que detém uma forte relação social, política e econômica com uma nação colonizadora (metrópole). Quando há uma secessão, a elite dominante colonial se divide entre os que defendem a manutenção dos laços coloniais com a metrópole e aqueles que defendem sua separação. Deste modo, configura-se como uma disputa entre as elites dominantes, sem que, necessariamente, o restante da população se mobilize ou participe do processo. Esse foi o caso brasileiro.

O historiador e jornalista Leandro Narloch mostra que "Na verdade, até meados de 1822, meses antes de Dom Pedro tornar o país independente, ninguém ligava para a separação do Brasil do reino português. Ela não passava pela cabeça dos políticos, juízes, jornalistas, funcionários públicos, nem dos cidadãos comuns. Nos panfletos e jornais, não há defesa da cisão do reino português"[4]. Enquanto colônia de Portugal, o Brasil não era um país com uma população homogênea que vivia em um território único e unido politicamente. Era um conjunto de povos diversos e separados, havendo inclusive episódios de conflitos violentos entre eles. O país, como o conhecemos hoje, foi criado pelo imperialismo português. A língua que se fala hoje, por exemplo, ainda é a portuguesa. Mas, desde 1815, **o Brasil já não era mais uma colônia** de Portugal, pois a partir desse ano o país se tornou integrante do "Reino Unido de Portugal, Brasil e Algarves". Havia uma incipiente Corte Real no Rio de Janeiro, além das primeiras instituições com marca nacional, como a Biblioteca Nacional (1810). Assim, quando em Sete de Setembro de 1822, o príncipe real D. Pedro de Alcântara (mais tarde conhecido como D. Pedro I) declarou o desmembramento do Brasil do Reino Unido de Portugal, Brasil e Algarves, a reação do governo português foi a de não reconhecer a separação e acusar os líderes brasileiros de rebeldes e, não por acaso, separatistas. Foi somente em 1825 que Portugal reconheceu a separação brasileira, por meio do "Tratado de Amizade e Aliança". Por meio desse Tratado, o Brasil se comprometeu, inclusive, a **pagar uma considerável indenização** ao Reino de Portugal e Algarves.

Um aspecto peculiar da independência brasileira é o fato de ter sido **relativamente pacífica** (em comparação a outros movimentos independentistas pelo mundo). Outra peculiaridade foi o fato de ter sido o **filho do Rei de Portugal (nascido em Portugal)** quem declarou a separação do Brasil. Essa peculiaridade explica, em boa medida, o fato de a América portuguesa ter se mantido territorialmente unida, com a formação do Império brasileiro, governado inicialmente por D. Pedro I e, depois, por seu filho, D. Pedro II.

A secessão brasileira não constituiu um estado republicano, como na grande maioria do continente americano, mas um **regime monárquico** com uma família real umbilicalmente ligada à família real portuguesa.

Assim, ao contrário da América espanhola, que se fragmentou em vários estados nacionais (a maioria com territórios relativamente pequenos), na América portuguesa surgiu um grande estado nacional e que teria como principal tarefa inicial justamente a de manter seu território livre das pressões separatistas e independentistas internas.

De fato, nas décadas de 1820 a 1840 ocorreram várias revoltas nas províncias imperiais que poderiam resultar na fragmentação territorial brasileira (**sabinada, conferência de equador, revolta pernambucana, farroupilha, canudos, etc.**). Essas revoltas, entre outras coisas, tinham potencial secessionista, mas foram todas reprimidas pelo estado imperial brasileiro que conseguiu, assim, manter o território unido, com exceção da Província Cisplatina, que se separou do Brasil (uma típica secessão) e virou o Uruguai.

O principal motivo do sucesso do Império brasileiro para conter as pressões separatistas foi a presença de instituições nacionais como o governo central, uma força militar central (Exército Imperial) e um parlamento nacional bicameral (Assembleia Geral Legislativa). Conjuntamente, essas instituições conseguiram debelar as pressões separatistas por meio da coação do governo central, da coerção da força militar central e por meio da cooptação, por meio de negociações da "Assembleia Geral Legislativa" com as elites regionais revoltadas. O legado desse período repercute até os dias atuais, pois a Constituição brasileira proíbe a secessão.

Concluindo, o Brasil não foi o único país a ter surgido a partir de uma secessão: **EUA (1776); Bélgica (1830); Noruega (1915); Finlândia (1917); vários países eslavos, países bálticos; mais recentemente, Timor-Leste (2002), Kosovo (2008), Sudão do Sul (2011)**, entre outros. A secessão brasileira foi relativamente pacífica, em um território que já não mais era colônia, sendo organizada pelos descendentes dos mesmos colonizadores (e não os índios). Uma secessão que deu origem a um regime monárquico, sendo rei um membro direto da família dinástica portuguesa!

Passados duzentos anos, chegou a hora de entendermos melhor a história[5].

1.5 O Brasil NÃO é o país mais corrupto do mundo e a corrupção NÃO é o maior problema nacional

A ideia segundo a qual "o maior problema do Brasil é a corrupção" é repetida constantemente. Mas pare e reflita: você realmente estudou o tema e chegou nessa conclusão ou apenas reproduz algo que ouviu desde cedo? Você dispõe de dados e comparações? Ou só teve contato com uma visão única, sem números concretos, que foi repetida inúmeras vezes até parecer verdade?

Determinar o nível de corrupção de um país não depende de opinião pessoal, mas de dados, pesquisas, métricas e rankings internacionais que permitem comparar diferentes nações.

Os principais indicadores globais utilizados são: o Índice de Percepção da Corrupção, elaborado pela Transparency International, e o Índice de Controle da Corrupção, calculado pelo Banco Mundial.

Esses índices avaliam a "percepção da corrupção" e não a corrupção de forma direta. Por quê? Porque medir a corrupção diretamente enfrenta inúmeros obstáculos e, caso fosse feito, os resultados seriam imprecisos e distorcidos. Existem dois problemas centrais que inviabilizam essa medição direta:

- Monitorar casos de corrupção é complexo, já que, sendo uma atividade ilegal, ocorre de forma oculta. Esse é o mesmo desafio encontrado em pesquisas sobre mercados paralelos, como tráfico de drogas, prostituição, comércio de órgãos ou tráfico de pessoas.

- Se fosse usada como base a quantidade de investigações, descobertas e punições, países como Dinamarca e Nova Zelândia poderiam parecer mais corruptos do que Angola ou Zimbábue. Isso porque esses números refletem mais a eficiência dos mecanismos de combate do que o nível real de corrupção. Em outras palavras: países com instituições eficazes descobrem e punem mais casos, enquanto estados frágeis descobrem menos e até ocultam ocorrências. É justamente o que aconteceu no Brasil durante a Operação Lava Jato: com o aumento de investigações, o país aparentou ser mais corrupto, quando na realidade estava fortalecendo o combate.

Por essa razão, as pesquisas internacionais avaliam a percepção da corrupção. E é importante destacar que percepção, neste contexto, não significa mera opinião, mas um conceito sustentado por métodos científicos reconhecidos e amplamente validados.

Quanto é corrupto o Brasil em comparação com outros países? Vejamos os dados:

- No Índice da Transparency International, o Brasil ocupa a **107ª posição** entre 180 países. Vale lembrar que o país já esteve em melhor colocação, chegando ao 69º lugar (em 2012 e 2014), mas vem caindo (especialmente) desde 2022. Ou seja, essa posição não é desde sempre, é mais ou menos uma novidade dos últimos anos. Enquanto, as pessoas reclamam desde sempre.

Além disso, podemos mensurar o **impacto econômico da corrupção**. Estudos indicam que seu peso no PIB brasileiro varia entre 1,38% e 2,3%.

Esse valor está longe de ser irrelevante, mas é significativamente menor do que muitos imaginam e menor do que outros problemas que o país enfrenta. A análise deve ser feita com perspectiva adequada.

Essas estimativas não são baseadas em opinião, mas em estudos de fontes como a FIESP[1], o "Brazil Investment and Business Guide"[2], e revistas como "Latin Trade"[3] e "Forbes".

Para contextualizar:

- A Lava Jato, a maior operação anticorrupção da história brasileira, identificou cerca de R$ 4 bilhões em ilícitos.
- Empresas estatais geram um custo anual de R$ 14,6 bilhões.
- O financiamento público dos partidos soma R$ 17,8 bilhões por ano.
- Em 2013, a Câmara e o Senado juntos gastaram R$ 8,5 bilhões, ou R$ 23 milhões por dia[4].
- A Justiça Eleitoral consome R$ 10 bilhões anuais, independentemente de haver eleições.

Se alguém disser "não acredito nesses números", vale lembrar: é melhor ter algum número do que não ter nada, é melhor contar com dados, ainda que possam ter pequenas margens de erro, do que basear-se apenas em opiniões. Vamos supor que os cálculos não sejam 100% exatos de quanto podem estar errados? De quanto estariam subestimando a corrupção? Mesmo se a corrupção for o dobro ou até o triplo do que todos os estudos científicos indicam (coisa altamente improvável), não chegaria a 10%! Além disso, o impacto mundial da corrupção sobre o PIB global é estimado entre 3% e 5%, o que coloca o Brasil em linha com a média internacional.

Portanto, a ideia de que "sem a corrupção o Brasil seria um país rico" é incorreta. Na melhor hipótese, sem corrupção o PIB brasileiro seria 2,3% – 5% maior — o que não transformaria o país em uma Alemanha ou Suíça.

O economista Samuel Pessoa resume essa visão:

> "Mas o custo da corrupção é muito menor do que o que as pessoas imaginam. O combate à corrupção, embora melhore o país, não fará aparecer recursos vultosos do Tesouro nacional. O Estado brasileiro está mal dimensionado. Arrecada menos do que gasta. E não porque está crescendo menos. Arrecada menos do que gasta por um problema estrutural, que gerou expectativas ruins, que geraram crescimento econômico baixo. O nó brasileiro hoje é o Estado"[5].

Em síntese: a corrupção é relevante, mas não é o maior desafio do Brasil nem um fenômeno exclusivamente brasileiro.

1.6 NÃO é porque o Brasil é um país novo

Alguns falam que o Brasil tem problemas porque "é um país novo. Errado, o problema não é esse.

EUA, Austrália, Nova Zelândia, são países novos e o PIB per capita é alto, têm bem-estar e performam bem em muitas variáveis. Aqui na América Latina, o Chile tem renda per capita de primeiro mundo e é da mesma época do Brasil.

Egito, Grécia, Síria (antiga Pérsia), China, Etiópia, Síria, Irã, Mongólia, etc. são países amiguíssimos. O Iraque é o lugar onde aconteceu a Revolução Agrícola, na "meia-lua fértil" entre os rios Tigre e Eufrates. E olha como está! A Itália é o país mais antigo da Europa e, apesar de ser um país rico, é um dos mais pobres da União Europeia. Os países do norte da Europa são os mais recentes e performam melhor em quase todas as variáveis. E para terminar, quer continente mais antigo que a África? É lá que toda a humanidade nasceu! E é também o continente mais pobres do planeta! **(Figura 7)**

OS 10 PAÍSES MAIS ANTIGOS DO MUNDO

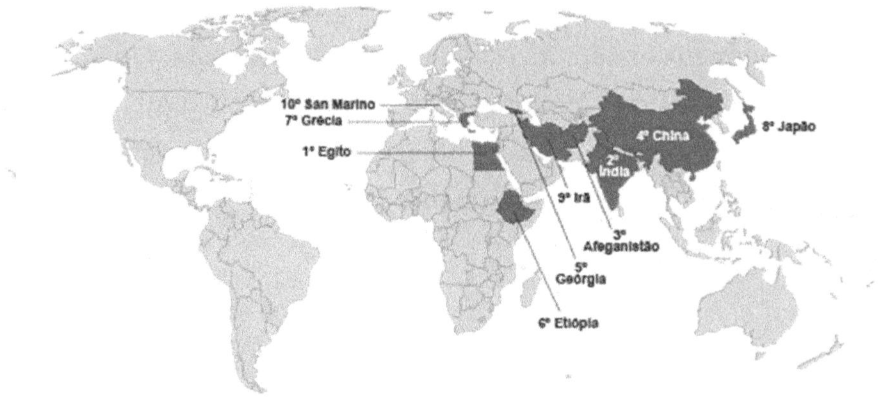

Figura 7. Mapa dos países mais antigos do mundo. Fonte: Elaboração própria a partir de Everything About Map.

Não é uma questão de tempo. Argentina e Brasil já foram mais ricos que os EUA (ambos mais antigos que esse), mas foram superados.

As duas Coreias têm a mesma data de fundação e renda e qualidade de vida totalmente diferentes. O mesmo aconteceu com a Alemanha Ocidental e a Alemanha Oriental.

EUA, Singapura, Hong Kong, Coreia do Sul, Estônia, Chile ficaram ricos rapidamente. A África, apesar de ter ficado mais rica em comparação ao passado, é o continente mais velho e o mais pobre.

1.7 O problema NÃO é a cultura

Olhe esses casos:

Muitas adolescentes estão ficando grávidas. O estado aprovou uma política pública para dar ajuda econômica a estas meninas. Resultado:

mais meninas passaram a ficar grávidas para poder receber o subsídio. Onde? Na Inglaterra.

A "gratuidade" das universidades está gerando uma geração de jovens que não se forma, não trabalha e fica eternamente estudante. É a "geração nem-nem". No Brasil? Não, na Dinamarca[6].

35% das pessoas abririam mão do direito de voto para um aumento salarial de 10%, 9% cederiam o direito de voto dos próprios filhos e 12% terminariam com o próprio parceiro (pesquisa da *Lendedu*). Quem? Americanos[7].

A cadeia de supermercado Intermarché fez um desconto de 70% na Nutella e gerou furdunço no país inteiro. Onde? Na França.

Na virada de ano 2017\2018, proibiram beber álcool na Península de Coromandel. Durante a baixa maré, surgiu uma ilhota e alguns moradores colocaram uma mesa ali para poder beber, burlando a regra. Na Nova Zelândia[8].

Pacientes de hospitais estatais viajam até os hospitais privados de outro país para se curar. Onde? Da Inglaterra para a Alemanha e do Canadá para os EUA!

Os pontuais e certinhos suíços pagam impostos e multas sempre em dia, mas quando passam as férias na Itália e recebem multas, não pagam, visto que com a placa estrangeira a multa não chega em casa[9].

Ou seja, não é uma questão de cultura, mas de incentivos.

Sim, o refrão quer que seja tudo sempre "uma questão de cultura", e que a diferença entre Brasil e países ricos "depende da cultura". "O que funciona lá, não pode funcionar aqui, a cultura é diferente!". Todo mundo repete isso, você ouviu isso desde criança e concorda plenamente. Na verdade, você concorda exatamente porque é a única coisa que ouviu e porque a ouviu desde criança. Pena que na literatura científica não haja este consenso. Pelo contrário! Vamos ver.

Em *Porque as nações fracassam,* Acemoglu e Robinson mostram como o sucesso de um país depende de suas instituições e não da cultura.

A reconstrução histórica e os dados evidenciam que a ideia segundo a qual as colônias inglesas e holandesas são ricas e as ibéricas são pobres pela herança cultural está errada. A Nigéria, grande parte do Oriente Médio e várias ilhas caribenhas foram colônias inglesas (holandesas e francesas). Cuba estava prosperando antes do totalitarismo. A Bélgica foi responsável por um dos piores massacres da história no Congo (ainda hoje uma das áreas mais pobres da África). A Holanda (hoje multiculturalista) segregou os negros na África do Sul. E Jared Diamond (em *Guns, germs and Steel*) mostra que, na verdade, este país está entre os mais ricos do Continente pela geografia. Macau foi colônia portuguesa e já foi muito rica (como as inglesas Singapura e Hong Kong).

Os ricos Texas e Novo México antes faziam parte do México. A Coreia é um único país, com mesmo povo, mesma língua, mesma cultura, que foi dividido por uma mera questão militar e hoje apresenta renda per capita e IDH drasticamente opostos. O mesmo regime da Coreia do Norte aplicado em diferentes países sempre dá resultados idênticos: URSS, Camboja, Hungria, Laos, Polônia, Vietnã, Cuba, Tchecoslováquia, Coreia, Etiópia, Romênia, Moçambique, Alemanha. A Alemanha também foi dividida em dois sistemas diferentes e também deu resultados diferentes (não obstante, se trate de um mesmo povo, com mesma língua e mesma cultura).

Moral da história: Regras diferentes geram incentivos diferentes, que geram comportamentos diferentes, que viram hábitos, que viram culturas. Cultura é consequência, é o que todo mundo vê; por isso, é fácil de notar! Mas não pode ser causa dela mesma!

A tese culturalista foi popularizada com a *Ética Protestante* de Weber, é muito popular, mas não é aceita na literatura científica.

A pergunta que fica então é: e de onde nascem as instituições? Da guerra e da geografia. Mas isso pode ser objeto de outro livro[10].

1.8 Os pobres NÃO são pobres porque têm muitos filhos

Muitos repetem em continuação que um dos motivos pelos quais os pobres são pobres seria porque têm muitos filhos. Errado.

Primeiro, "muitos" é subjetivo. Segundo, na verdade, são os ricos a ter poucos filhos, poucos em comparação à norma histórica. Mas, de qualquer modo, vamos ao mérito do argumento.

Os pobres não são pobres porque têm muitos filhos. **É o contrário. Os pobres têm muitos filhos porque são pobres**. Essa é a normalidade histórica. As pessoas sempre foram pobres e sempre tiveram "muitos" filhos.

O que acontece e aconteceu é o seguinte. Quando a renda per capita aumentou, não precisaram mais ter filhos para ter mão de obra para aumentar a renda familiar. Quando a mortalidade infantil caiu, não precisava mais fazer muitos filhos na expectativa/hábito de que alguns morressem[11]. Pelo contrário, agora podendo realizar o sonho de mandar os filhos para a escola, eles acabam representando um custo maior e por mais tempo, logo se prioriza menos filhos em cima dos quais investir mais[12].

Além disso, ao ficar mais rico, em média, as pessoas querem mais coisas e coisas diferentes, querem mais tempo livre, querem mandar os filhos para escolas melhores, para universidades melhores, querem viajar (e cada filho a mais é um custo a mais), etc.

Não são os pobres a ter muitos filhos, são os ricos a ter poucos. E a sequência cronológica é a seguinte: a renda aumenta, as pessoas ficam mais ricas e aí têm menos filhos e não o contrário.

Todo o mundo sempre teve muitos filhos e alguns ficaram ricos. Isso não impediu de ficar ricos. Ninguém decidiu ter menos filhos e ficou rico graças a isso. É o contrário: primeiro se fica rico, aí a geração sucessiva faz menos filhos. É assim que sempre aconteceu, no mundo todo.

Pense, por exemplo, na sua família e seus ascendentes. Em média, nossos antepassados tinham bem mais filhos e ficaram ricos mesmo assim. Nossos avós vinham de famílias com 6-10 filhos e tiveram 4-6 (nossos pais), nossos pais tiveram 2 e nós temos 1,5.

Nos países ricos, atualmente a taxa de fertilidade caiu. Ainda mais se subtrair a contribuição dos imigrantes (geralmente mais pobres) e esses países não estão ficando tão mais ricos assim. Ficaram ricos antes, no passado, quando a taxa de fertilidade era bem mais alta.

1.9 A mania de se comparar com EUA, Alemanha, Suécia, Suíça e OCDE

Só li e ouvi comparações do Brasil com Alemanha, EUA, Suécia, Suíça, Portugal, França, Itália, Dinamarca e Noruega. Nunca li e ouvi uma comparação com outros países. Todas às vezes, absolutamente todas às vezes, sem exceção nenhuma, todas às vezes que alguém compara o Brasil a algum país é com países muito mais ricos como Alemanha, EUA, Suécia e Suíça. Sempre esses mesmos, inclusive. E só às vezes, para algumas questões específicas com Dinamarca, Portugal, França, Inglaterra, Itália e Noruega.

"Ah, mas a Alemanha investe em cultura..."; "Ah, mas o sistema prisional da Noruega..."; "Ah, mas a rainha da Dinamarca leva os filhos na escola de bicicleta"; "Ah, mas o transporte público da Suíça é muito bom"; "Ah, mas nos EUA isso e aquilo...".

Essas comparações são cientificamente inválidas. A primeira coisa que um aluno universitário escuta de seu professor quando faz o TCC (Trabalho de conclusão de curso) é "**se comparam unidades**

comparáveis". Ou seja, não dá para comparar o Brasil a esses países, assim como, na área de administração, não dá para comparar uma multinacional a uma lojinha familiar de bairro.

E qual uma comparação correta? Depende do tipo de comparação que se faz e de qual o objetivo, mas geralmente um bom parâmetro de comparação é a renda per capita, a macrorregião geográfica, a dimensão do país (e dependendo tem que ser tamanho geográfico ou populacional). Do ponto de vista econômico, tem que comparar o Brasil com países com uma renda média similar como Botsuana, Bósnia, Colômbia, China, Albânia, Sri Lanka, Paraguai, Egito, Ucrânia, Irã, etc. Do ponto de vista geográfico, pode comparar o Brasil com países da América Latina ou América do Sul. Quando se trata de questões de tamanho geográfico, tem que comparar com países como EUA, Rússia, China, Canadá, Índia, Austrália. Quando se trata de questões de tamanho populacional, tem que comparar com países como EUA, China, Indonésia, Índia, Paquistão, Nigéria. Mas repito, essas últimas duas são comparações validas só quando se trata de questões de tamanho geográfico e/ou populacional.

Por quê? Porque é óbvio que um país rico tenha quase todas as variáveis melhores. Esse é o resultado esperado. Assim como é óbvio que uma pessoa rica tenha quase todas as variáveis melhores que uma pessoa de renda média, ela ficou rica exatamente para obter isso!

Uma vez explicado isso, as pessoas respondem (todas e todas com a mesma frase): **"mas eu tenho que me comparar com o que tem de melhor!"**. Errado, uma coisa é ter um modelo, um ideal, um *benchmark*, outra coisa é reclamar do fato de que o Brasil não seja Alemanha, EUA, Suécia e Suíça! A normalidade não é Alemanha, EUA, Suécia e Suíça. Estes países são os pontos fora da curva, não são a média.

O mundo não termina com Alemanha, EUA, Suécia e Suíça. No mundo não tem só Europa e EUA. No mundo, tem Ásia, África e América Latina. A África é bem mais pobre, a maioria dos países da Ásia e os da

América Latina também. A América Latina, inclusive, é exatamente o continente que geralmente está exatamente no meio nessa estatística, mais pobre que EUA e Europa, mas mais rica que Ásia e África.

Não dá para criticar o Brasil por não ser Alemanha, EUA, Suécia e Suíça. Tem que aplaudir esses países por serem assim.

Além disso, muitas vezes temos **dados que comparam o Brasil a países da OCDE**. Nesse caso, não se trata de uma mania popular, são estatísticas divulgadas pela mídia. Isso acontece, pois o Brasil é *membro observador* da OCDE e então faz parte desses estudos. Mas o Brasil não é um país membro a pleno título e a renda per capita do Brasil e dos países da OCDE é muito diferente.

A **OCDE** (Organização para a Cooperação e Desenvolvimento Econômico) é conhecida como o "**clube dos países ricos**". Seus membros são os países da América do Norte, da Europa, Japão, Austrália, Chile e Colômbia (recém-entrada). Ou seja, de novo, é normal que, em quase todas as variáveis, o Brasil performe pior. Pode ser uma boa inspiração, um bom modelo a seguir, mas não é uma comparação válida.

Alguém, não entendendo, pode pensar que comparar o Brasil a países muito mais ricos seja um simples erro que não carrega nenhuma consequência negativa. Errado. Por vários motivos.

Primeiro porque **alguns são levados a querer copiar os efeitos da riqueza e não as causas.** O sujeito vê que na Holanda tem pistas cicláveis e passa uma lei para colocar pistas cicláveis em Belo Horizonte (cidade colinar), a pessoa viaja para a Suíça, vê que lá não há sal na mesa, os canudos, os palitos e os guardanapos são encapados individualmente e quer passar uma lei para tal aqui (com relativo custo alto para uma país pobre); o indivíduo viaja para Paris, volta e quer tirar todos os pobres e os mendigos da rua porque fala que "Ah, mas nos Champs-Élysées não tem mendigos"; vê na TV que na Noruega cada preso fica em cela individual bonita e quer aplicar isso aqui sem saber que o custo para um país mais pobre é inviável. Um velho amigo falava: "O cara vai para a Alemanha, vê que os trens chegam pontuais e que, quando chegam na estação, os pombos voam embora, volta aqui, vai à estação e começa a bater as palmas para fazer voar os pombos!". É o "**cargo cult**". Durante a Segunda Guerra Mundial, militares americanos ocuparam várias ilhas da Melanésia, montaram bases, construíram pistas de pouso, levaram aviões, armas, equipamento e vários bens. As populações nativas nunca tinham visto aqueles bens, entenderam que evidentemente eram mais ricos e ficaram impressionados. Quando, ao fim da guerra, os americanos foram embora, os locais reconstruíram armas e aviões de madeira imitando as de verdade, na esperança de que a riqueza pudesse voltar. Esse é o fenômeno chamado "culto à carga", confundir os efeitos da riqueza com as causas, puro pensamento magico.

Segundo, porque, dessa forma, **não se entende quais são os problemas que, nesse nível de renda do país, deveriam ser realmente resolvidos e quais são normais que ainda existam nesse nível de renda**. Por exemplo, a corrupção está realmente em um nível pior do que deveria ser com base na renda per capita? O ensino está realmente em um nível pior do que deveria ser com base na renda per capita? O (chamado) presidencialismo de coalizão é jabuticaba mesmo? O problema é o Presidencialismo mesmo? O problema é o sistema eleitoral mesmo? Dado o nível de renda, será que dá para gastar dinheiro dos pagadores de impostos com cultura, arte, subsídios para filmes, festas, carnavais, rodeios, shows, etc.? Dada a renda per capita brasileira, será que, na verdade, o esperado não era já ter melhores dados de criminalidade, saneamento básico, abertura econômica, analfabetismo funcional?

Terceiro, isso leva a focar nos chamados "**first world problems**" ("problemas de primeiro mundo"), problemas menores na ausência de graves problemas.

Vamos repetir, usar os países mais ricos e com mais qualidade de vida como modelos, como benchmark, é bom, óbvio. Mas usá-los como comparação é cientificamente inválido. Não dá para criticar o Brasil por não ser Alemanha, EUA ou Suécia, tem que aplaudir esses países por chegar onde chegaram, o ponto fora da curva são eles. E se comparar com esses países, tem consequências negativas.

1.10 NÃO é falta de ética e de vontade política

Muitos repetem "falta vontade política" ou é "falta de ética". Isso quer dizer absolutamente nada. É uma frase sem sentido mesmo.

A política não é uma questão de ética e moral. Isso já foi explicado por Machiavelli séculos atrás.

Em política, não se faz o que é certo e justo, se faz o que convêm, o que se pode. Se alguém pode tomar mais poder, o fará. Quando alguém não o faz, é porque não consegue. Simples assim.

Como explicaremos no capítulo 1.11 quando os colonizadores ingleses, espanhóis, franceses, holandeses, belgas, portugueses, etc. podiam criar instituições políticas autoritárias e extrativistas, o faziam, quando não conseguiam e acabavam sendo limitados, aí acabavam instaurando instituições políticas menos autoritárias e mais inclusivas. As mesmas pessoas, os mesmos colonizadores, não é uma questão de ética. É questão de poder bruto.

E também não é uma questão de "falta de vontade política". O Prêmio Nobel Milton Friedman falava "colocar boas pessoas no poder é bom, mas você vira o jogo quando força até pessoas não boas no poder a fazer o certo". Ou seja, é uma questão de incentivos. O cientista Bruce Bueno de Mesquita explica a diferença entre países democráticos e autoritários[13].

Considere a sociedade dividida em 4 camadas:

- **Nível 1.** No topo há o líder (imperador, rei, presidente, xá, faraó, primeiro-ministro, czar, etc.);

- **Nível 2.** Depois, há a *Winning Coalition*, as pessoas que de fato ajudaram o líder a tomar o poder (dependendo do caso, pode ser a junta militar, empresários, sindicalistas, alguma etnia específica, uma seita religiosa, os chamados poderes fortes, o eleitorado, etc.);

- **Nível 3.** Depois temos o *Selectorate*, os súditos, os cidadãos, os votantes.

- **Nível 4.** Enfim, os *disinfranchised*, os últimos da sociedade, marginalizados, à margem da sociedade, pessoas sem poder, que formalmente podem até ter os mesmos direitos (ou não), mas que de fato não têm poder. **(Figura 8)**

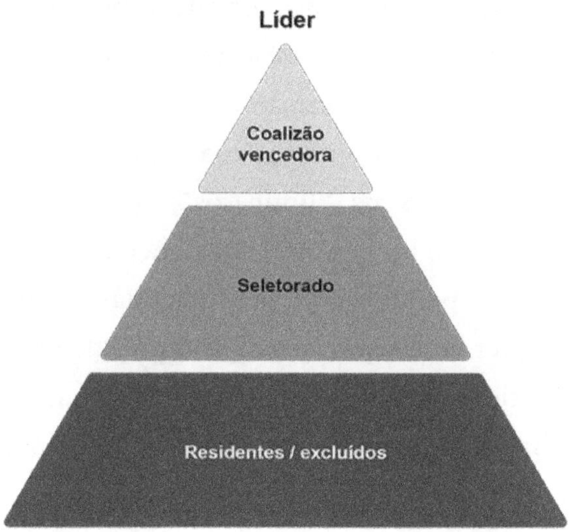

Figura 8. Pirâmide de Mesquita. Fonte: Elaboração própria.

Em sistemas autoritários, para alguém tomar e manter o poder (nível 1) precisa do apoio do nível 2, em sistemas democráticos precisa do suporte do nível 3. Portanto, em sistemas autoritários, os líderes tendem a tirar da população na totalidade (nível 3 e 4) para redistribuir (bens privados) para o nível 2. Em sistemas democráticos, o líder precisa gerar maior satisfação entre o nível 3 (crescimento econômico, boa gestão da coisa pública, respeito da *rule of law*). Os *disinfranchised* não contam nunca nada, por definição. Do ponto de vista prático, a questão é que, em países ricos e democráticos, geralmente não há *disinfranchised* ou são muito poucos.

Ou seja, a moral é a seguinte: os políticos fazem o que precisam fazer para tomar e manter o poder em ambos os sistemas. Em sistemas democráticos, a classe política parece ser "melhor" porque é o sistema que a incentiva a se comportar assim, não é uma questão de ética ou de "vontade política" (qualquer coisa que isso signifique). E o mesmo, ao contrário, acontece nos sistemas autoritários, onde a classe política parece ser "pior". Quando observamos que os políticos se comportam de uma certa forma, não é por uma questão ética ou de vontade política.

Eventualmente, em um segundo momento, o que ocorre é uma "seleção adversa". Ou seja, um sistema "perverso" tende a atrair pessoas assim e afasta os "honestos", portanto, o sistema se retroalimenta, entra em uma espiral negativa da qual é difícil sair.

Em conclusão: Se para um sistema funcionar, precisa de "vontade política" (qualquer coisa que isso signifique) das pessoas, então o sistema não funciona, não há sistema. Um sistema, para ser tal, tem que funcionar independentemente da tal "vontade política". Se você esperar "vontade política", vai ficar esperando.

1.11 A culpa NÃO é da colonização

Quase todos os países do mundo, em algum momento histórico, foram colonizados, até Inglaterra, Espanha, Portugal, França, Austrália, China e EUA foram colonizados. EUA foram colonizados por ingleses e franceses. Inglaterra, Espanha, Portugal, França, Holanda foram colonizados pelos romanos e a China foi conquistada e dominada pelo Império Mongol.

Além disso, já explicamos no cap. 1.4 porque, na verdade, os brasileiros não foram colonizados, os brasileiros são os descendentes dos colonizadores.

Ainda, é importante entender que o Brasil não era rico nem antes da colonização e, que a Europa era mais rica já antes do imperialismo. Vejam o mapa da riqueza do mundo em 1500. Países maiores em tamanho são mais ricos. Notem o tamanho da Europa e das Américas. **(Figura 9)**

Figura 9. Mapa da riqueza em 1500. Fonte: Elaboração própria a partir de dados do World Mapper.

Depois do mapa, observem agora, na **Figura 10**, o ranking internacional para ter uma visão mais clara.

O mapa mostra os países e os continentes por tamanho do PIB em 1500, antes da conquista do Brasil. Quanto maior for o país, maior o PIB. Os países mais ricos eram Itália, Bélgica, Holanda, Dinamarca, França, Reino Unido, Áustria, Suécia, Alemanha e Espanha. Portugal era o 21º país mais rico do mundo. China e Índia ficavam respectivamente na posição 23ª e 53ª. O Brasil nem aparece na lista e no mapa aparece minúsculo junto com todas as Américas que, antes da conquista europeia, eram muito mais pobres ainda.

OS 10 PAÍSES MAIS RICOS DO MUNDO E OUTROS PAÍSES RELEVANTES

PIB com paridade de poder de compra em 1500, em dólares americanos

RANKING	PAÍS	VALOR
1	Itália	US$ 1.100
2	Bélgica	US$ 875
3	Países Baixos	US$ 761
4	Dinamarca	US$ 738
5	França	US$ 727
6	Reino Unido	US$ 714
7	Áustria	US$ 707
8	Suécia	US$ 695
9	Alemanha	US$ 688
10	Espanha	US$ 661
11	Noruega	US$ 640
12	Suíça	US$ 632
21	Portugal	US$ 606
23	China	US$ 600
53	Índia	US$ 550
60	Irlanda	US$ 526
61	Japão	US$ 500
65	Iraque	US$ 499
86	Turquia	US$ 496
106	Egito	US$ 475

Figura 10. Ranking da riqueza em 1500. Fonte: Elaboração própria a partir de dados do World Mapper.

Vulgarmente se culpa o ouro tirado por Portugal. Isso também está errado. Vamos ver por quê. É difícil quantificar quanto ouro Portugal levou. Existem diferentes pesquisas com dados muito diferentes que variam entre 128 e 3.000 toneladas[14] em todo o período da colonização. A variação é muito grande. Considerando a estimativa maior de 3.000 toneladas, o valor econômico atual (2025) é de cerca de 72 bilhões de reais. Não é pouco, mas vamos fazer algumas comparações. A União arrecada mais de 2 trilhões ao ano, em 2024, foram 2,6 trilhões. 78 bilhões são o que a União arrecada em cerca de 11 dias. A dívida pública (estatal) brasileira atual é 7 trilhões de reais. Além de tudo, o historiador Jorge Caldeira já demonstrou, com estudos econométricos, que a ideia segundo a qual o Brasil colônia era uma economia de subsistência, pobre, explorada e que funcionava só em função da exportação para a metrópole, não se sustenta nos dados. Os números mostram o contrário, o Brasil colônia cresceu mais que a mesma metrópole, quase o dobro, crescia tanto pela exportação quanto (mais ainda) por um mercado interno pujante e empurrado pelos pequenos e médios produtores e comerciantes e não pelo latifúndio. Portanto, essa ideia de que a riqueza ia embora está errada com base em evidências factuais, dados[15].

Na obra-prima e best-seller, *Porque as Nações Fracassam*, os estudiosos Acemoglu e Robinson mostram como **o sucesso de um país depende de suas instituições (e não da cultura)**. A reconstrução histórica e os dados demonstram que a ideia segundo a qual as colônias inglesas e holandesas são ricas e as espanholas e portuguesas são pobres pela herança cultural está errada. Nigéria, grande parte do Oriente Médio e várias ilhas caribenhas foram colônias inglesas, holandesas e francesas e hoje são países pobres. Cuba estava prosperando antes do atual totalitarismo, quando era colônia espanhola. A Bélgica foi responsável por um dos piores massacres da história no Congo (ainda hoje uma das áreas mais pobres da África). A Holanda (hoje multiculturalista) segregou os negros na África do Sul. E Jared Diamond (no livro *Guns, germs and Steel*) mostra que, na verdade, este país está entre os mais ricos do Continente por questões geográficas. Macau foi colônia portuguesa e já foi muito rica (como as inglesas Singapura e Hong Kong).

Os ricos Texas e Novo México, que agora fazem parte dos EUA, faziam parte do México. A Coreia é um único país, com mesmo povo, mesma língua, mesma cultura, que foi dividido por uma mera questão bélica e hoje apresenta renda per capita e IDH drasticamente opostos. O mesmo regime da Coreia do Norte, aplicado em diferentes países, deu sempre resultados idênticos: URSS, Camboja, Hungria, Laos, Polônia, Vietnã, Cuba, Tchecoslováquia, Coreia, Etiópia, Romênia, Moçambique, Alemanha. A Alemanha também foi dividida em dois sistemas diferentes e também deu resultados diferentes (não obstante, se trate de um mesmo povo, com mesma língua e mesma cultura).

Na Índia, quando uma mulher fica viúva, tem que se casar com o irmão do marido morto ou com algum outro homem da família (na linha sucessória). Absurdo, não é? E sabe quem colocou essa regra? Os britânicos, à época da colonização. Malvados, imperialistas e cruéis, não é? Mas sabe por que colocaram essa regra? Porque antes, quando chegaram, quando uma mulher ficava viúva, tinha que se jogar viva nas chamas do fogo da cerimônia de cremação do marido. Chocante, não é? Quando os ingleses viram isso, ficaram horrorizados e o proibiram, queriam eliminar qualquer obrigação desse tipo, mas o *compromise* ao qual conseguiram chegar com os locais foi esse do novo casamento. E aí? Piorou ou melhorou? Malvados esses britânicos? De quem é a responsabilidade desses hábitos?

Para concluir, Easterly e Levine mostram haver até uma correlação positiva entre renda per capita e ter sido uma colônia europeia[16].

Isso não quer dizer que a colonização não seja algo negativo, mas não é esse o diferencial e não é esse o problema.

1.12 NÃO, não "faltou uma guerra"

Alguns falam "faltou uma guerra". Quer ver países que estão e/ou que estiveram em guerra? Olha Iraque, Síria, Ucrânia, Nigéria, Somália,

Haiti, Vietnã, Camboja, etc. Olha como a África é martirizada por séculos de guerras e guerras civis.

Olha, por outro lado, à prosperidade da Suíça, que tradicionalmente permanece neutra em todos os conflitos!

E não é nem verdade que o Brasil "nunca teve uma guerra". Teve guerra com o Paraguai e teve guerras internas (Farroupilha, Canudos, Revolução de Pernambuco, etc.). Atualmente, pode não estar oficialmente em guerra, mas os números de homicídios que tem são até maiores que as mortes do Iraque!

Guerra não gera riqueza, gera pobreza.

Essa é a famosa "falácia da janela quebrada".

Alguns leigos e alguns autores pensam que a guerra (assim como as catástrofes naturais) pode criar riqueza. Muitos repetem, por exemplo, que **a Grande Depressão terminou graças à Segunda Guerra Mundial**. Sobre os efeitos da Segunda Guerra Mundial, o ex-primeiro-ministro britânico Harold Wilson argumentou que para a Alemanha foi bom que sua capacidade industrial foi destruída totalmente (pois assim teve que reconstruir), enquanto foi negativo que a capacidade industrial da Inglaterra foi destruída só parcialmente (porque assim faltaram incentivos para reconstruir)[17]. Logo depois dos ataques terroristas de 11 de setembro de 2001, Paul Krugman declarou: "Por mais horrível que possa parecer falar isso, o ataque terrorista — como o dia da infâmia, que pôs um fim à Grande Depressão — pode até fazer algum bem do ponto de vista econômico."[18] Em 1993, quando uma enchente tocou os EUA, o Ministro do Tesour Lloyd Bensten "Estou tão feliz que a minha terra tenha sido destruída porque agora tenho a chance de reconstruir e estimular a economia"[19]. Depois do terremoto japonês de Kobe, em 1995, Nicholas Kristof proclamou: "Não obstante a devastação, especialistas dizem hoje que de alguma maneira o terremoto pode dar um impulso a uma economia que está lutando para sair de uma longa recessão."[20]

Frédéric Bastiat demonstrou que esta é uma falácia já em 1850 a "falácia da janela quebrada". Vamos supor que três meninos estejam jogando bola na rua e quebrem uma janela. A janela custa 100 reais, e alguém terá que pagar. Para alguns, parece que isso é bom, porque, ao ser quebrada, tem que comprar outra janela, alguém vai ter que produzir, vai gerar emprego e, com isso, a economia gira. Entretanto, não se criou riqueza nesse processo, pois se gastou dinheiro para voltar à situação inicial, mas agora sem o dinheiro de antes. A sociedade estaria mais rica se a janela estivesse no lugar e ainda tivesse o valor à disposição das pessoas para gastar em outras coisas. Portanto, a guerra não gera nenhuma riqueza, ela é por definição um processo de destruição de riqueza. No total, se perde, é um jogo de soma negativa. Pode ser que algum país ganhe em cima de outros, mas a economia na totalidade sempre perde. Algumas pessoas ganham à custa de outras "É um jogo de soma negativa".

Guerra não gera riqueza, gera pobreza.

Muito pelo contrário, faltava só uma guerra para piorar ainda mais a situação!

1.13 O mito do Brasil potência mundial

Frequentemente, muitas pessoas me perguntam, "professor, mas por que o Brasil não é uma potência?", "O que falta para nos tornar uma potência?", "Por que não conseguimos virar uma potência mundial?", ou repetem "O Brasil podia ser uma potência", "Tinha tudo para ser uma potência", ou, mais otimistas, afirmam: "O Brasil é uma potência", "nós somos uma potência".

Parafraseando o filósofo, podemos dizer que é muita "vontade de potência"!

Vamos explicar, ser potência (qualquer coisa isso signifique, e vamos deixar isso de lado por enquanto) não necessariamente significa ser um país rico e não necessariamente significa ter uma renda per capita alta (que afinal é o que importa).

Os EUA são uma potência mundial, com renda per capita alta. França, Japão, Inglaterra e Alemanha também **são potências (mundiais ou pelo menos regionais) e são ricos.**

China, Rússia, Irã, Índia **são potências (mundiais ou pelo menos regionais) e não têm renda per capita alta**, são países de renda média.

Holanda, Dinamarca, Suécia, Noruega, Suíça, Monaco, Luxemburgo, Liechtenstein, Singapura, Hong Kong, Austrália, Finlândia, Nova Zelândia, Chile, Coreia do Sul, Itália, Portugal, Espanha, Áustria, Bélgica, San Marino, etc. **são países ricos e não são potências.**

Vamos agora com algumas perguntas retoricas, para fazer você refletir e fazer você chegar com seu próprio raciocínio ao ponto da questão.

Você acha que na Holanda, Dinamarca, Suécia, Finlândia, Noruega, Suíça, Monaco, Luxemburgo, Liechtenstein, Singapura, Hong Kong, Austrália, Nova Zelândia, Chile, Coreia do Sul, Itália, Portugal, Espanha, Áustria, Bélgica, San Marino, etc. As pessoas reclamam de não ser potências? Não! As pessoas pensam na própria renda, na própria qualidade de vida, no próprio bem-estar e é exatamente isso que conta.

Você acha que na China, Rússia, Irã, Índia, as pessoas vivem bem, ganham bem, têm boa expectativa e qualidade de vida? Não. São países pobres ou de renda média, mesmo sendo "potências".

Você preferia viver na Holanda, Bélgica, Austrália, Dinamarca, etc. ou no Irã, Índia e Rússia?

Ser potência pode não significar nada. E em que sentido, potência, exatamente? Geralmente, as pessoas querem dizer em sentido militar. Potência militar, atômica, diplomática, em política externa. Mas isso nada tem a ver com economia, qualidade de vida e bem-estar.

Paquistão e Coreia do Norte têm armas nucleares e, nesse sentido, podem ser consideradas potências nucleares e regionais. E aí? Por acaso, a renda per capita das pessoas, a qualidade de vida e o bem-estar são bons?

Recentemente, a Índia virou o 5º país do mundo a enviar satélites à lua. E aí? Por acaso, a renda per capita das pessoas, a qualidade de vida e o bem-estar são bons, ou melhoraram graças a isso? Enquanto o estado indiano manda satélites à lua, muitas pessoas não têm nem saneamento básico, vivem em favelas, em palafitas e tomam banho e defecam em rios poluídos. As pessoas, pobres, com qualidade de vida e bem-estar péssimos, pagam a conta astronômica desses projetos megalomaníacos para os governantes de turno brincarem de "política de potência" no xadrez global. E isso os mantém ainda mais na pobreza.

As pessoas confundem potência com riqueza e riqueza do país (PIB) com riqueza das pessoas (PIB per capita).

Uma coisa é o país ter um PIB grande (Brasil, China, Rússia, etc.), **outra coisa é as pessoas ter renda alta** (Holanda, Dinamarca, Suécia, Finlândia, Noruega, Suíça, Monaco, Luxemburgo, Liechtenstein, Singapura, Hong Kong, Austrália, Nova Zelândia, Chile, Coreia do Sul, Itália, Portugal, Espanha, Áustria, Bélgica, San Marino, etc.).

O PIB grande é importante para os governantes. O estado, a classe política pode utilizar o PIB grande como arma política para fazer "política de potência" e projeção no exterior, mas isso não necessariamente se traduz em melhoras de qualidade de vida para os cidadãos e as pessoas comuns; afinal é o PIB per capita importante para os indivíduos, cidadãos.

Uma coisa é um país rico ser também "potência", (como no caso dos EUA, Inglaterra, França), **outra coisa é um país pobre ou de renda média querer brincar de "potência".** Os países ricos, pelo menos, têm dinheiro para gastar mundo afora, os pobres não. Se um país pobre ou de renda média começar a brincar disso, vai só gastar mais dinheiro que nem tem.

1.14 Os EUA NÃO querem roubar a Amazônia

No começo dos anos 2000 apareceu na internet e começou a circular um mapa, no qual a Amazônia era representada como um território autônomo chamado "FINRAF" (*Former International Reserve of Amazon Forest*) "Ex-reserva Internacional da Floresta Amazônica", em lugar fazer partes dos países da Amazônia (Colômbia, Bolívia, Peru, Venezuela, Guiana, Suriname, Guiana Francesa, Brasil). Se procurar online, vai encontrar.

Se falava que se tratava de uma página de um livro escolar usado nas escolas dos EUA. Se propagou a ideia que alguns livros americanos retratam a Amazônia dessa forma e que os EUA queriam se apropriar da Amazônia. O mapa suscitou a ira dos internautas brasileiros, mas ficou completamente desconhecido nos outros países da Amazônia.

Na verdade, é tudo uma mentira e uma grande armação! Na verdade, nunca foi encontrado um único livro com esse mapa! "Não há indicação de que tal livro exista. A Biblioteca do Congresso dos EUA, com mais de 29 milhões de livros e outros materiais impressos, não tem registro dele. O banco de dados online do centro de estudo WorldCat, o maior banco de dados de informação bibliográfica, com mais de 47 milhões de livros, não tem registro do livro. Tal livro também não é encontrado em buscas na internet na Amazon e no Google" [21].

A legenda que acompanha o mapa dizia o seguinte: *desde meados dos anos 1980 a mais importante floresta do mundo passou a ser responsabilidade dos Estados Unidos e das Nações Unidas. (...) Sua fundação [da reserva] se deu pelo fato de a Amazônia estar localizada na América do Sul, uma das regiões mais pobres do mundo e cercada por países irresponsáveis, cruéis e autoritários. Fazia parte de oito países diferentes e estranhos, os quais, em sua maioria, são reinos da violência, do tráfico de drogas [sic], da ignorância e de um povo sem inteligência e primitivo. A criação da Prinfa foi apoiada por todas as nações do G-23 e foi realmente uma missão especial para nosso país e um presente para o mundo todo visto que a posse destas terras tão valiosas nas mãos de povos e países tão primitivos condenariam os pulmões do mundo ao desaparecimento e à total destruição em poucos anos.* Só que essa legenda está cheia de erros gramaticais, "Muitos erros de grafia, gramática, tom inapropriado e linguagem evidentes para um falante nativo de inglês"[22]. E ainda "O Birô Internacional de Programas de Informação continua seu texto apontando que alguns dos erros de grafia nesta falsificação indicam que o falsificador era um falante nativo de português", diz, citando exemplo como a palavra 'vegetal', que aparecia na mensagem original no lugar de 'vegetable'"[23].

Os americanos negam, o embaixador americano da época nega (Anthony Harrington), a mídia americana nega, ironiza e ridiculiza[24] a questão. Os outros países "donos" da Amazônia nem sabem desse tal de mapa, até os diplomatas brasileiros nos EUA negam. Não têm livros, não têm provas.

O então embaixador brasileiro nos EUA, Rubens Antônio Barbosa, nega e acusa um site brasileiro de criar a história. "Tudo parece ter se originado, não, de uma suposta 'conspiração americana' de desmembrar a floresta tropical amazônica, mas de desinformação 'Made in Brazil' por setores ainda não identificados"[25].

O diplomata Paulo Roberto Almeida reitera que: "os boatos lançados a esse respeito sempre foram nacionais, criados inteiramente no Brasil". Segundo ele, os americanos nunca tiveram nada a ver com o caso e, de certa forma, foram vítimas dele, tanto quanto os milhares de brasileiros enganados. "É preciso deixar claro que o mapa não é uma questão estrangeira. Ele foi feito por brasileiros e para brasileiros", disse. "É uma construção, uma mentira deliberada", completou. Segundo ele, que investigou o caso enquanto viveu nos Estados Unidos, é possível traçar a origem desses rumores a grupos de extrema-direita militar no Brasil, interessados em preservar a soberania brasileira sobre a Amazônia, supostamente ameaçada por alguma invasão estrangeira. "Neste caso, recorreram à fraude deliberada para reforçar seu intento", explicou. "Curiosamente, disse, a causa acabou abraçada pela extrema-esquerda antiamericana, e a história cresceu com a ajuda da internet"[26]. E ainda "Por mais que a história já tenha sido desmentida oficialmente uma dúzia de vezes, muitos brasileiros ainda mencionam este caso sem saber exatamente se era verdade ou não, e até políticos brasileiros volta e meia solicitam explicações oficiais do Ministério das Relações Exteriores sobre o assunto. Desde as primeiras menções ao caso, ainda no ano 2000, representantes diplomáticos brasileiros nos Estados Unidos começaram a investigar as origens do que aparecia como mais um boato, uma lenda da internet. O diplomata Paulo Roberto de Almeida, que então trabalhava como ministro-conselheiro na Embaixada do Brasil em Washington, averiguou rapidamente que a história circulava em listas universitárias de discussão, mas que suas bases factuais eram frágeis, praticamente inexistentes. Logo em seguida, ao pesquisar em bases de dados e examinar os materiais disponíveis, concluiu por uma montagem feita no próprio Brasil." "Esta 'notícia' aparentemente tão alarmante não tem base", diz, em um longo dossiê que publicou sobre os boatos. "Posso, sem hesitar, afirmar que os Estados Unidos não querem amputar um pedaço da nossa geografia nas escolas do país, que os supostos mapas simplesmente não existem"[27].

Paulo Roberto Almeida continua: "O mapa se transformou em um refúgio para quem busca teorias da conspiração. Quem quer acreditar, acredita em qualquer coisa", disse Paulo R. Almeida, explicando o porquê de o caso continuar tão popular mesmo após ser rebatido com fatos. "Os americanos nem deram atenção ao caso, foram pegos de surpresa e de forma involuntária. Só o Brasil dá importância a esta invenção"[28]. Os outros países donos da Amazônia nem ficaram sabendo dessa história.

Os diplomatas brasileiros, além de ter feito pesquisa por própria conta, devem terem ativado os serviços segredos e falam com cognição de causa.

Mas mesmo assim, ainda em 2023, o Google tem mais de 7600 páginas para a busca internacional da sigla FINRAF registrando alguma informação sobre essa história. "São dezenas de blogs pessoais, páginas de jornais de diferentes lugares do Brasil, perguntas em fóruns. Muitos já tratam o assunto como mito, lenda urbana, e dizem que o mapa se tornou somente uma curiosidade na internet. Não faltam, entretanto, as páginas que ainda reproduzem o assunto (algumas com datas tão recentes quanto 2009) com tom indignado e alegando se tratar de uma denúncia real"[29].

1.15 O mito do planejamento

Todo mundo repete "**o problema é a falta de planejamento!**". Errado. Vamos explicar.

Primeiro, no mundo inteiro, quando se fala de planejamento em economia e política, se entende **planejamento central coercitivo** aos moldes das economias planificadas totalitárias socialistas da URSS, Coreia do Norte, Cuba, Angola, Vietnã, etc., em contraposição às economias de livre mercado das democracias ocidentais. Não se entende planejamento como oposto de bagunça, sem um plano, caos, desordenado, organizar as coisas com antecedência.

Mas mesmo considerando "planejamento" como ter um plano bem definido, fazer as coisas bem feitas e programá-las antes, está errado, pois planejamento pode ser bom ou ruim. Planejamento diz a respeito do processo e não do conteúdo e da natureza do plano. Não há nenhuma garantia que seja planejado um plano positivo que faça o bem. Pode muito bem acontecer exatamente o contrário.

As pessoas desejam, claro, um plano positivo, mas é só um desejo mesmo, porque olhando o noticiário ou estudando história, não há muitos motivos para ser tão otimistas ao ponto de esperar planos positivos. É mais um ideal mesmo, não fundamentado empiricamente.

Quando no Brasil se fala de "**cidades planejadas**", se fala com uma conotação positiva, em contraposição (na maioria das vezes implícita) às cidades nascidas espontaneamente e às favelas. Mas aqui também está um erro de interpretação.

As favelas não são o resultado da falta de planejamento, muito pelo contrário! As favelas nascem exatamente porque o urbanismo aqui tenta planejar tudo de cima para baixo coercitivamente e como é impossível fazê-lo, algo fica fora do "plano" do burocrata e aí as pessoas não têm outras opções se não há de criar aglomerados chamados "favelas", exatamente porque no plano do estado não há espaço para tudo.

As cidades europeias não foram "planejadas", nasceram todas de forma espontânea e livre. A "bagunça" dos centros históricos das cidades italianas, espanholas, francesas, as ruelas minúsculas, prédios, casas, apartamentos encastelados, estilos arquitetônicos e artísticos que se sobrepõem mutualmente são exatamente o que os turistas do mundo inteiro (inclusive brasileiros) buscam e apreciam. Séculos e milhares de anos de ordem espontânea em contraposição ao caos planejado. Na verdade, cidades planejadas (como Brasília, Belo Horizonte, etc.) são cidades artificiais.

No urbanismo, a dicotomia não é entre planejamento ou não planejamento. Algum tipo de planejamento é necessário e inevitável. A dicotomia é entre um planejamento restrito ao espaço público (ruas, estradas, calçadas, praças, etc.) e um planejamento dos espaços privados também (lotes, casas, prédios, recuo, uso de solo, destinação de uso, zoneamento, etc.), ou seja, entre planejamento legitimo do que é público mesmo por natureza e interferência nas propriedades privadas alheias. Quando se tenta planejar tudo, não se consegue planejar nada.

1.16 O PSDB não é (e nunca foi) de direita[30]

O PSDB não é de direita, é um partido social-democrata, de centro-esquerda, de esquerda moderada. Não é nem um partido liberal, nem conservador. E isso não é opinião, é fato.

A questão pode ser analisada através dos seguintes eixos:

1. Do ponto de vista histórico e estatutário do partido.
2. Posicionamentos partidários, propostas, políticas públicas efetivamente implementadas e declarações dos mesmos líderes do partido.
3. Comparação com outros partidos ao redor do mudo.
4. Enquadramento na literatura científica.

No manifesto de fundação do PSDB em 1988, está claro: "implementar políticas de melhoria dos serviços públicos básicos e de distribuição de renda, que conduzam à erradicação da miséria no Brasil"; "apoiar as justas reivindicações dos trabalhadores, assegurada a livre negociação com sindicatos autônomos e os meios próprios de luta dos assalariados, inclusive a greve, sem interferência do Estado"; "defender uma política permanente de proteção ao menor, compatível com o compromisso de redistribuição de renda"; "lutar pela efetiva igualdade dos direitos e deveres do homem e da mulher nos campos econômico, político e social e contra todas as formas de discriminação".

Em 1990, Fernando Henrique Cardoso divulga um documento intitulado *A Social-Democracia: o que é, o que propõe para o Brasil.* Aqui encontramos a defesa do papel do estado na economia, inclusive em favorecer os trabalhadores nas "lutas entre capital e trabalho"; garantir políticas de proteção social, distribuição da renda e igualdade de oportunidades; e o sistema tributário como "um instrumento de justiça social". E na última versão do estatuto do PSDB, publicado em 2013, está escrito: "A construção de uma ordem social justa e garantida pela igualdade de oportunidades; a prevalência do trabalho sobre o capital, buscando a distribuição equilibrada da riqueza nacional entre todas as regiões e classes sociais". O *think tank* do partido, Instituto Teotônio Vilela, define como seu objetivo divulgar e aperfeiçoar propostas políticas "sociais-democratas" para o Brasil.

Em 1999, o então presidente FHC envia ao Congresso um projeto de lei para a proibição da venda de arma de fogo e munições e, em 2021, o PSDB acionou o STF para barrar os decretos de Bolsonaro que facilitavam a compra de armas; diversos líderes do PSDB já se declararam a favor do casamento gay e banheiros livres para transgêneros, por exemplo, João Dória, então candidato à presidência em 2017 falou: "Nenhuma objeção ao casamento gay ou à adoção de banheiros livres para transgêneros". O atual presidente do PSDB e governador do Rio Grande do Sul tem promovido políticas voltadas ao público LGBTQIA+ na sua gestão através do Departamento de Diversidade Sexual da Secretaria Estadual Justiça, Cidadania e Direitos Humanos; e a defesa pública de FHC à legalização da maconha desde o lançamento do documentário, com sua participação, "Quebrando Tabu". Estes posicionamentos em favor das políticas identitárias (feminismo, LGBTQIA+ e a questão racial) encontram respaldo no partido com os chamados "segmentos": TucanAFRO, PSDB Mulher e Diversidade Tucana.

Alguns respondem, criticando: "**Ah! mas o PSDB fez políticas neoliberais e privatizações!**".

Sim, mas os sociais-democratas não são contra as privatizações, são a favor do capitalismo, da gestão privada dos negócios e são a favor da intervenção quando a economia estiver em crise. São intervencionistas, nem dirigistas, nem liberais. Quem fez as privatizações na década de 90 na Alemanha, França, Itália, EUA, Austrália, Inglaterra, Nova Zelândia foram sempre os partidos social-democratas de centro-esquerda.

E além das privatizações, durante o governo FHC, outros dados foram na direção oposta: os gastos sociais cresceram de 11,24% do PIB para 12,95%, entre os anos de 1995 e 2003. A carga tributária subiu, no mesmo período, de 27% do PIB para 31,9% do PIB. Houve a criação de um sistema estatal de saúde, o SUS, assim como a quebra das patentes dos remédios para o tratamento da AIDS. No campo da reforma agrária, se, por um lado, FHC assentou 540,6 mil famílias e Lula 614,2 mil famílias, por outro, FHC assinou 3.530 decretos desapropriatórios (contra 1.988 de Lula).

Vamos agora ouvir o que respondem os diretos interessados quando perguntados sobre o posicionamento à direita ou à esquerda.

FHC, por exemplo, em entrevista na revista Veja em 2006, é taxativo ao declarar "Me considero de esquerda" e, em 2011, para o Estadão, declara "Centro-direita não tem a ver com o PSDB". Ademais, quando faleceu o ditador comunista Fidel Castro, Fernando Henrique escreve: "Junto com meu pesar ao povo cubano pela morte de seu líder, quero expressar meus votos para que a transição pela qual a Ilha passa permita que a prosperidade aumente, mas que se preserve, num ambiente de liberdade, o sentimento de igualdade que ampliou acesso à educação e à saúde" — e nenhuma palavra sobre os assassinatos e torturas que Fidel comandou contra os opositores do seu regime.

José Serra, quando candidato à presidência em 2010, declarou também em sabatina ao Portal R7: "Eu me considero de esquerda" e acrescentou: “Esse pessoal (do PT) não tem mais nada a ver com isso, mas faz coro para ficar repetindo”. Posteriormente, em 2014, também candidato na condição de candidato à presidência pelo PSDB, Aécio Neves declarou: “Para a direita, não adianta me empurrar, que eu não vou”. E, finalmente, João Dória, em 2020, ao jornal Estadão, como candidato à presidência, afirma: “O PSDB é progressista, tanto na economia quanto no plano social. Sem preconceitos”.

FHC é taxativo ao declarar “Me considero de esquerda” e ainda “Centro-direita não tem a ver com PSDB”. Nos anos 1970, FHC e Lula panfletavam juntos. Por fim, ao escolher mudar de partido, o ex-tucano Geraldo Alckmin não escolheu um partido de centro ou centro-direita, mas filou-se ao Partido Socialista Brasileiro e, em 2022, O PSDB não apoiou a direita e FHC votou Lula. Agora, Alckmin é até vice-presidente de Lula!

Em termos internacionais, **o PSDB é similar ao Partido Trabalhista inglês, ao partido Democrata americano, ao Partido Socialista Francês, à SPD (Partido Social-Democrata) Alemão, ao partido Democrático Italiano** e outros partidos, todos social-democratas, da Terceira Via, socialistas moderados.

Do ponto de vista das influências intelectuais, o PSDB está na linha de autores como John Rawls, Amartya Sen, John Maynard Keynes e Anthony Giddens. É a social-democracia, a terceira via, um caminho intermediário entre liberalismo e socialismo marxista, o socialismo que aceitou o caminho da democracia.

Um partido tão à direita, que quando teve uma eleição (presidencial) entre direita (Bolsonaro) e esquerda (Lula), em 2022, apoiou a esquerda!

Para concluir, falar que o PSDB é de direita é funcional para os partidos de extrema-esquerda se mostrarem simplesmente como “de esquerda”, supostamente os únicos de esquerda. Alguns nunca foram enganados e sempre repetiam “**o PSDB é um partido de esquerda com**

um eleitorado de direita". Hoje, depois da ascensão da direita e de Bolsonaro, muitos até entenderam: o PSDB não é e nunca foi de direita.

1.17 A imagem do país lá fora NÃO importa

O historiador e jornalista Leandro Narloch imagina uma terapia de grupo entre países. "*Haveria aquele país que mal notaria a existência dos outros, como a França, talvez os Estados Unidos. A Alemanha seguiria calada, sofrendo de culpa, desconfortável consigo e com os colegas ao redor. Uma quarentona insone, em crise por não ser tão rica e atraente quanto no passado, representaria muito bem a Argentina. Claro que haveria também países menos problemáticos, como o Chile ou a Suíça, contentes com sua pouca relevância. Não seria o caso do Brasil, paciente que sofreria de diversos males psicológicos. Bipolar, oscilaria entre considerações muito negativas e muito positivas sobre si próprio. Obcecado com sua identidade, em todas as sessões aborreceria os colegas perguntando "Quem sou eu"?, "Que imagem devo passar?" "O que me diferencia de vocês?". Muito mais do que entre habitantes de outras pátrias, a identidade nacional foi sempre um problema psicanalítico no Brasil*"[31]. E parece exatamente isso.

Muitos são obcecados com essa ideia, se perguntam e repetem "qual a imagem do país lá fora?", "como está repercutindo essa notícia no exterior", "Ah, por que no exterior se fala só do futebol e da criminalidade?". Nunca ouvi isso em outros países. Nunca vi ninguém se preocupar tanto com isso! De onde vem tamanha preocupação? De onde tal difusão dessa preocupação? Por que todo o mundo repete isso? Por que todo o mundo repete isso usando até as mesmas palavras idênticas?

E o que importa? Por acaso, se a imagem do país fosse boa, fantástica, ótima e perfeita, nossa renda, nosso IDH, nosso bem-estar melhoraria imediatamente? Se a situação real interna não for boa e a imagem do país fosse boa, a situação melhoraria magicamente? Não muda nada!

Ou, ao contrário, se a situação interna for boa e a imagem lá fora for negativa... o país vai piorar por isso? Nossa renda, IDH e bem-estar vão diminuir por isso? Não importa nada!

Você acha que em países como Dinamarca, Finlândia, Bélgica, Nova Zelândia, Canada, Chile, Japão, etc. Alguém se pergunta "qual a imagem do país lá fora?"

O que importa são os fatos, e não a opinião alheia.

2

COMO COMPARAR O BRASIL

2.1 Números absolutos e porcentagens

Pesquisando rapidamente no Google, se você escrever "**O Brasil é o país que mais**", logo aparecem um monte de "que mais desmata", "que mais usa agrotóxico", "que mais mata trans", "que mais mata mulheres", "que mais cobra impostos", "que mais gasta com educação", "que mais faz cirurgias estéticas", "que mais exporta alimentos", etc.

Uma variante disso, mas com o mesmo sentido de fundo, são aquelas frases do tipo **"cada 30 segundos, cada 5 minutos acontece X ou Y".** É óbvio que, em um país enorme, cada 30 segundos ou cada 5 minutos acontecem X, ou Y! É simples matemática!

Muitas vezes, mídia, ONGs e leigos mostram dados absolutos comparando o Brasil com outros países. Isso é errado porque o Brasil é um país grande (tanto em termos populacionais quanto em termos geográficos), então é o óbvio que resulte quase sempre o país que mais faz isso e que mais tem aquilo. O que se deveria comparar são dados porcentuais, geralmente em proporção ao PIB ou em proporção à população. Vamos detalhar.

Olhem aqui algumas **notícias que focam nos dados absolutos**:

- Em 2022, a Folha de Pernambuco escreve um artigo intitulado "Brasil é o quinto país com mais usuários de internet no mundo".[1]

- "Brasil é o terceiro país do mundo que mais utiliza as redes sociais"[2].

- "Brasil é 5º país que mais mata mulheres"[2]. O artigo foca nos dados absolutos, mas os dados sobre criminalidade, assassinatos e mortes violentas são mundialmente considerados a cada 100.000 habitantes.

- "Brasil é um dos cinco países do mundo que mais vende terra a estrangeiros"[2]. O artigo foca nos hectares totais.

- "Brasil é o país que mais mata pessoas LGBTQIA+ no mundo pelo quarto ano consecutivo"[2]. O artigo foca nos dados absolutos, mas os dados sobre criminalidade, assassinatos e mortes violentas são mundialmente considerados a cada 100.000 habitantes.

- "Brasil é o país que mais mata ativistas pela terra, de acordo com relatório da Global Witness"[2].

- "Brasil é o 10º país que mais mata jovens no mundo".[2] O artigo foca nos dados absolutos, mas os dados sobre criminalidade, assassinatos e mortes violentas são mundialmente considerados a cada 100.000 habitantes.

- O Brasil é o 4º país do mundo que mais produz lixo[2].

- O Brasil é o 4º país do mundo que mais produz lixo plástico[2].

- Brasil é o 3º país com mais usuários de YouTube[2].

- Brasil é o 5º país com mais smartphones[2].

Esses são só alguns exemplos. Notícias e dados assim são muito comuns.

Essas notícias, focando nos dados absolutos, induzem ao erro de interpretação, pois o Brasil é o 7º país mais populoso do mundo. É óbvio que tenha mais ocorrência de quase qualquer fenômeno que países menores. Os dados têm que ser considerados em proporção.

Muitos falam que **"o Brasil é a oitava economia do mundo"**. Sim, verdade, o Brasil é uma das maiores economias do mundo, claro, pois o país é muito grande. Já foi 8ª e atualmente é a 11ª economia do mundo. Eis as maiores economias do mundo em 2022, na **Figura 11**:

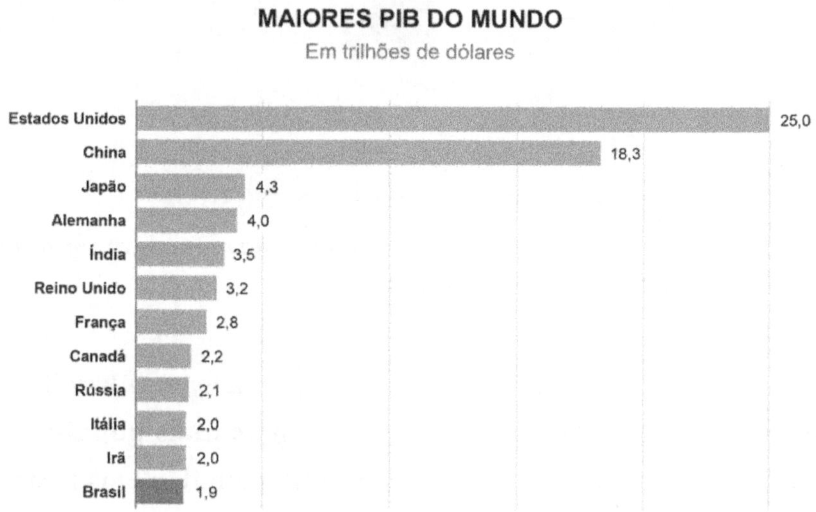

Figura 11. Gráfico dos maiores PIBs do mundo (Em trilhões de dólares). Fonte: Elaboração própria com base nos dados do Statista.

Mas quando se fala de **PIB per capita,** a coisa muda e muito e o Brasil cai para a **79ª posição**[12]. Veja a **Figura 12** com o mapa com os dados de 2022.

E o importante é o PIB per capita. O que importa para as pessoas é a renda delas de fato (ou seja, o PIB per capita). Luxemburgo, Singapura, Suíça, San Marino, Hong Kong, Irlanda, Holanda, Dinamarca, por exemplo, são países com um PIB (absoluto) pequeno porque são países pequenos (em termos de população), mas têm um PIB per capita alto, ou seja, as pessoas são ricas.

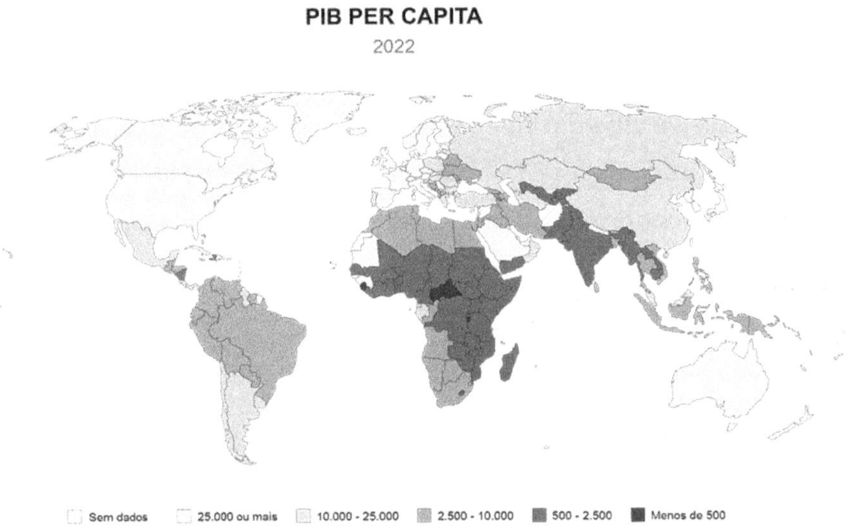

Figura 12. Mapa do PIB per capita. Fonte: Elaboração própria com base nos dados do Fundo Monetário Internacional.

O mesmo acontece com os dados sobre população. O Brasil, com cerca de 203 milhões de habitantes, é o **7º país mais populoso do mundo**, mas em termos de **densidade populacional**, o Brasil está na **193ª posição** (em 234 países). Ou seja, é um país muito populoso, muito grande e pouco denso. Veja a **Figura 13**, o mapa mundial.

Essa questão da população em termos absolutos e em termos proporcionais será mais aprofundadamente tratada no capítulo 2.

Outro exemplo, o Brasil é o **6º país do mundo com a maior população que vive em favelas**, em termos absolutos, com cerca de 29 milhões de pessoas vivendo em favelas. **(Figura 14)**

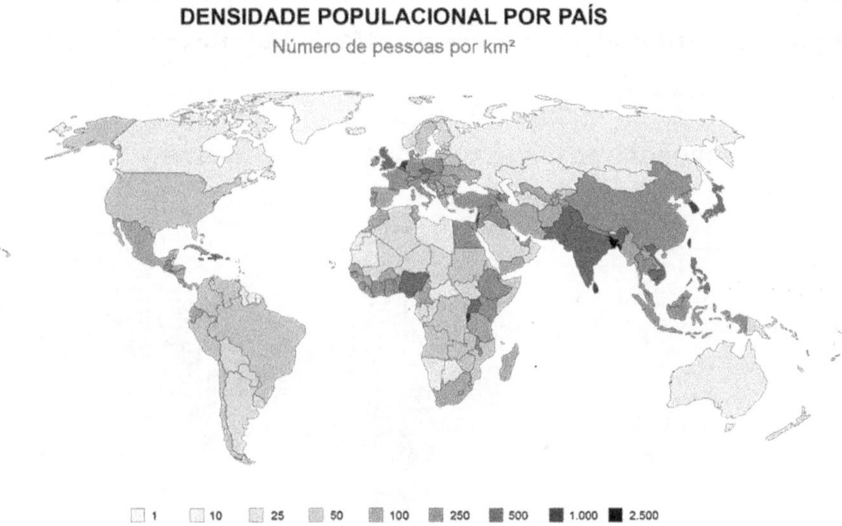

Figura 13. Mapa da densidade populacional. Fonte: Elaboração própria com base nos dados World Population Review.

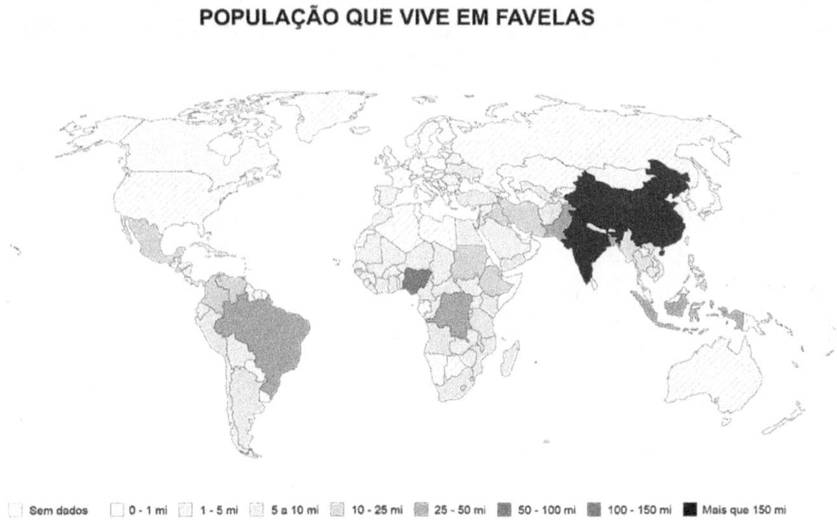

Figura 14. Mapa da população que vive em favelas (em números absolutos). Fonte: Elaboração própria com base nos dados do Our World in Data e do Banco Mundial.

Mas, em termos relativos ao tamanho da população, **o Brasil está na 88ª posição mundial, com cerca de 14% da população vivendo em favelas. (Figura 15)**

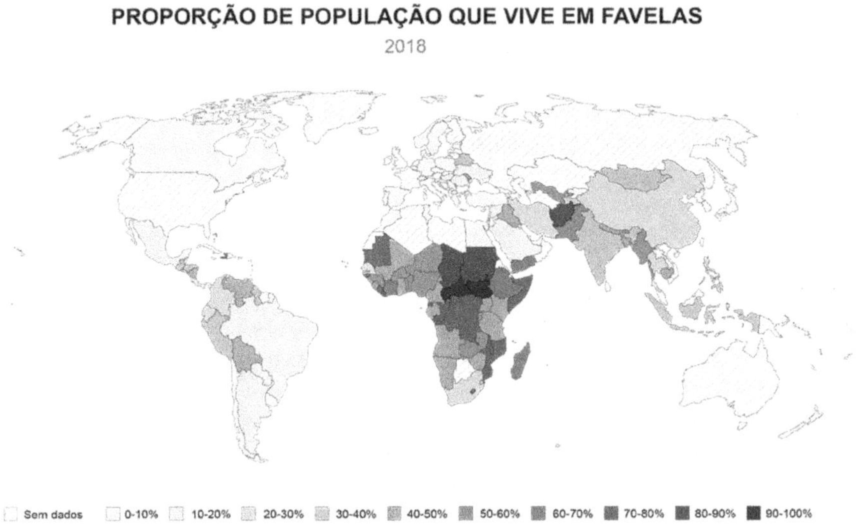

Figura 15. Mapa da população que vive em favelas (em porcentagem). Fonte: Elaboração própria com base nos dados do Our World in Data e do Banco Mundial.

Essa questão das favelas também será tratada mais aprofundadamente no capítulo 2.

3

O QUE NÃO É JABUTICABA

3.1 "Brasileiro não gosta de trabalhar"

As pessoas repetem em continuação "brasileiro não gosta de trabalhar". Vamos ver se é verdade. Existem várias instituições que medem a semana de trabalho legal, a quantidade de horas trabalhadas por semana (dos empregados e dos empregadores) e a quantidade de horas trabalhadas no ano. O *World Population Review* mostra que no Brasil se trabalham 39 horas semanais em média e o Brasil fica assim na **78ª posição (entre 165 países)**[1].

No mapa, os países mais escuros são aqueles que trabalham mais horas. **(Figura 16)**

Vamos agora considerar as horas da OIT, Organização Internacional do Trabalho. Segundo esses dados, o Brasil trabalha 37,9 horas semanais, 12% dos trabalhadores trabalham mais de 49 horas semanais, e o país fica na **100ª posição mundial**, no meio[2]. Veja na **Figura 17** os países onde se trabalha mais e na **Figura 18** os países onde se trabalha menos.

Figura 16. Mapa das horas semanais trabalhadas, por pessoa, por país. Fonte: Elaboração própria com base nos dados do World Population Review.

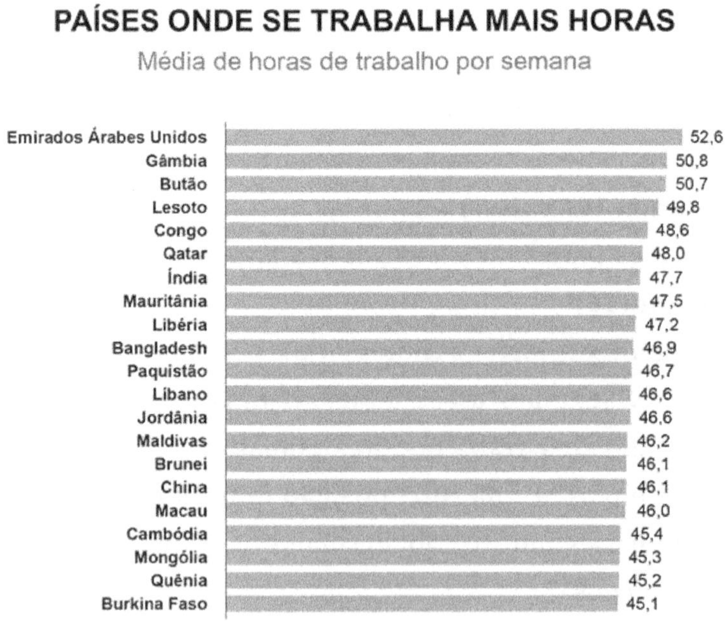

Figura 17. Ranking das horas semanais trabalhadas, por pessoa, por país. Fonte: Elaboração própria com base nos dados da Organização Internacional do Trabalho.

Figura 18. Ranking das horas semanais trabalhadas, por pessoa, por país. Fonte: Elaboração própria com base nos dados da Organização Internacional do Trabalho.

Ou seja, o Brasil está na média, se trabalha quanto os demais, em média.

Agora, **"gostar" de trabalhar é outra questão e não é mensurável, e não existem dados nem rankings internacionais**.

Mas gostar de trabalhar, ninguém gosta! Trabalho não é para gostar. Se gostar não é trabalho, o que gostamos de fazer e fazemos até de graça é "hobby". O mesmo termo "trabalho" vem do latim *tripalium,* três paus de madeira tipo crucifixo onde eram amarrados criminosos e fustigados, ou seja, é uma pena, um suplício, um sofrimento. É o mesmo motivo pelo qual se fala "trabalho de parto", ou em italiano *travaglio*, porque é dolorido, sofrido. É a mesma raiz da qual vem o termo inglês *travel* porque (especialmente na antiguidade) viajar era demorado, cansativo, um sofrimento. A mesma coisa é para o termo *labour* que significa fadiga, trabalho. É verdade que alguns podem até gostar do próprio trabalho, mas esse é uma sorte, um luxo para poucos e recente do ponto de vista histórico, mais comum nos países ricos onde as pessoas, em media, têm trabalhos melhores.

3.2 "O brasileiro é individualista e só quer tirar vantagem"

Todo o mundo repete essa frase o tempo inteiro. É um lugar-comum muito difuso. Só que é errado. Não é uma opinião, não é uma questão subjetiva. Existem rankings internacionais ao respeito, como os mapas culturais de Hofstede que são muito famosos, considerados e utilizados **(Figura 19)**.

Como podem ver no mapa, o Brasil não é um país individualista, muito pelo contrário, como os dados evidenciam, o Brasil é um país mais para coletivista. Aqui as pessoas tomam conta davida dos outros, o tempo inteiro, contam publicamente as próprias doenças, problemas físicos; nos botecos muitas vezes a comida é compartilhada; a distância que as pessoas mantêm quando se falam é curta (como é típico nos países do sul do mundo), se dão tapas nas costas, alguns te tocam o tempo inteiro quando conversam, compartilham a comida e lambem até o sorvete um do outro!

Também **não é verdade que "brasileiro quer tirar vantagem em tudo"** (qualquer coisa que isso signifique e de qualquer forma isso seja testável).

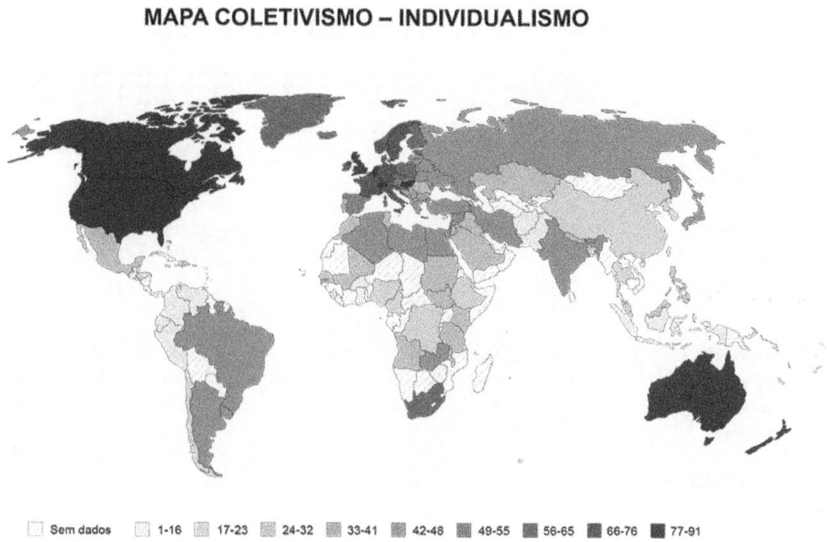

Figura 19. Mapa coletivismo — individualismo. Fonte: Elaboração própria com base nos dados do Geert Hofstede.

O *Giving Index*, por exemplo, mede quanto as pessoas de vários países fazem caridade e voluntariado e **o Brasil está na 18ª posição em 119 países, entre os que mais doam e fazem caridade**, como mostra a **Figura 20**.

Pois é, exatamente o contrário do que todo o mundo repete o tempo inteiro! Os brasileiros fazem muitas doações, caridade e voluntariado.

Há muitas associações, ONG; o tempo inteiro na TV tem alguma campanha de solidariedade; quando surge algum caso na mídia ou nas redes sociais, de alguém precisando de ajuda se fazem vaquinhas o tempo inteiro para auxiliar as pessoas; no ônibus quem fica sentado pega até a mochila de quem está em pé para ajudá-lo!

RANKING MUNDIAL DO ALTRUÍSMO

	POSIÇÃO GERAL		AJUDAR UM ESTRANHO		DOAR DINHEIRO		HORAS DE VOLUNTARIADO	
PAÍS	RANKING	PONTUAÇÃO	RANKING	PORCENTAGEM	RANKING	PORCENTAGEM	RANKING	PORCENTAGEM
Indonésia	1	68%	76	58%	1	84%	1	63%
Quênia	2	61%	7	77%	20	55%	2	52%
Estados Unidos da América	3	59%	4	80%	9	61%	7	37%
Austrália	4	55%	34	69%	6	64%	20	33%
Nova Zelândia	5	54%	46	66%	10	61%	14	34%
Mianmar	6	52%	83	55%	2	73%	36	28%
Serra Leoa	7	51%	1	83%	76	27%	3	44%
Canadá	8	51%	50	65%	13	59%	33	29%
Zâmbia	9	50%	18	74%	53	35%	4	43%
Ucrânia	10	49%	13	75%	29	47%	54	24%
Irlanda	11	49%	87	55%	14	59%	21	32%
Tailândia	12	48%	58	64%	8	62%	75	19%
Tchéquia	13	48%	54	64%	21	55%	52	24%
Nigéria	14	48%	5	79%	73	29%	13	35%
Emirados Árabes Unidos	15	47%	48	65%	18	56%	70	21%
Polônia	16	47%	45	66%	26	50%	45	25%
Reino Unido	17	47%	97	52%	5	65%	55	24%
Brasil	18	47%	11	76%	38	41%	48	25%
Guiné	19	47%	26	72%	52	35%	15	33%
Filipinas	20	47%	15	75%	79	26%	6	39%

Figura 20. Giving Index. Países que mais fazem caridade e voluntariado. Fonte: elaboração própria a partir de dados do Giving Index.

3.3 O Brasil NÃO tem a maior população carcerária do mundo

Alguns falam que "**O Brasil tem a maior população carcerária do mundo**". Não é verdade.

Existem diversos dados e rankings internacionais, em nenhum deles o Brasil está na primeira posição, mas sempre entre as primeiras.

Quando olhamos ao número (absoluto) de presos, à população carcerária, o Brasil tem uma das maiores populações do mundo, mas quando colocamos a coisa em proporção, em porcentagem, à população do país, a situação muda (pois o país é grande). Veja alguns dados na **Figura 21**.

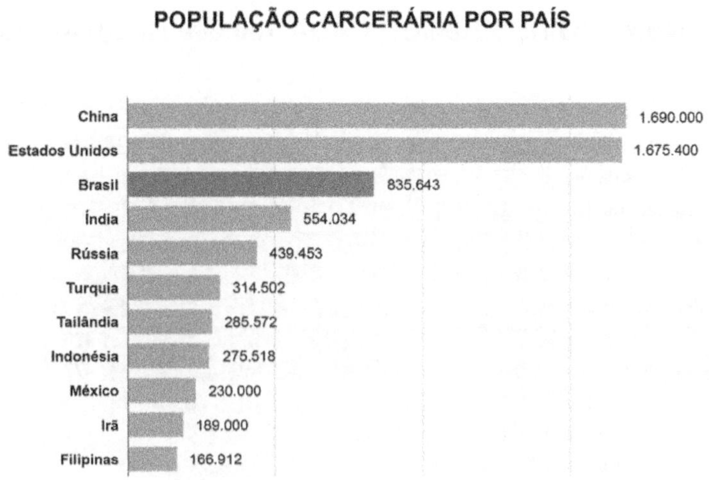

Figura 21. População carcerária por país. Fonte: elaboração própria a partir de dados do Statista.

Segundo esses dados, o Brasil tem 835.643 mil presos e fica na **3ª posição mundial**[3].

Mas, ao se olhar o número de presos em proporção à população total, a coisa muda (**Figura 22**).

Com 389 presos por cada 100.000 habitantes, o Brasil fica na **15ª posição mundial**[4]. O *World Population Review* coloca um número de 381 presos e o Brasil fica sempre na mesma 15ª posição[5].

Outros estudos demonstram dados levemente diferentes. O Brasil está na **26ª posição internacional** (entre 222 países) e, quando considerados também os presos provisórios, cai para a **103ª posição (Figura 23)**.

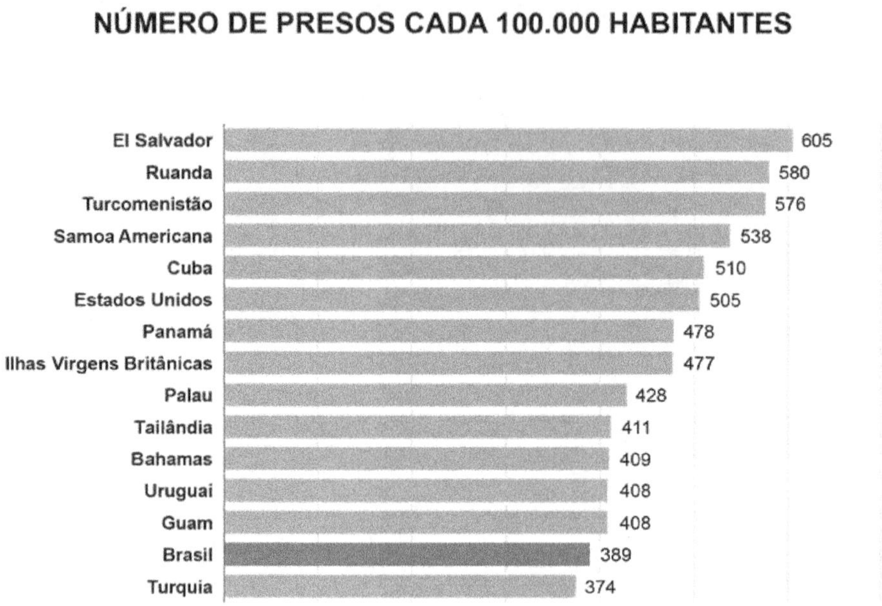

Figura 22. Número de presas por 100.000 habitantes. Fonte: elaboração própria a partir de dados do Statista.

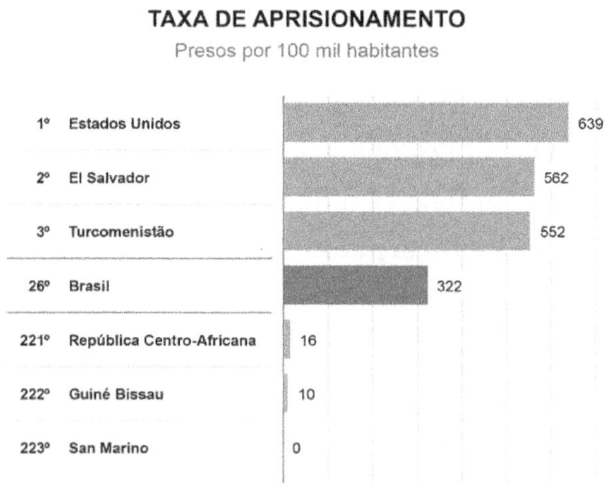

Figura 23. Ranking da taxa de aprisionamento (em porcentagem). Fonte: elaboração própria a partir de dados do G1 e do World Prison Brief.

Pelo que se refere à **superlotação nas cadeias, "o Brasil figura na 47ª posição**, acima de Irã, Jordânia, Nigéria e Paraguai[6]". Dados ruins mas menos ruins do que geralmente se fala.

3.4 NÃO têm muitos municípios

O Brasil tem 5570 municípios e não é verdade que **é o país com mais municípios do mundo, ou que "tem muitos municípios". Vários países têm muitos mais municípios.**

Nesse caso, não existem dados comparativos e rankings internacionais já estabelecidos, mas eis alguns dados de quantos municípios têm alguns países selecionados[7].

- França, 35.357.
- Alemanha, 11.054.
- Espanha, 8.124.
- Itália, 7.960.
- Tchéquia, 6.258.

E notem que todos esses países são muito menores que o Brasil, tanto em tamanho territorial quanto populacional.

É muito provável então que países menores tenham um número menor de municípios, mas que, se calculados em proporção à população, possam até superar o Brasil. A Argentina, por exemplo, tem 1298 municípios, mas em proporção à população (cerca de 47 milhões de habitantes) tem mais municípios que o Brasil; Portugal, com 4500 municípios e 10,3 milhões de habitantes, também tem mais municípios per capita.

O problema não é o número de municípios, o problema é que muitos (um terço) deles são deficitários, não se sustentam sozinhos. 1860 deles (35% do total) não arrecadam bastante nem para manter seus custos[8].

Além disso, historicamente falando, o número de municípios no Brasil aumentou. O Atlas aponta que os maiores aumentos em valores absolutos ocorreram ao longo das décadas de 1950, 1960 e 1990. Já em termos percentuais, as maiores elevações ocorreram entre 1950 e 1960 (32%) e entre 1960 e 1970 (30%). No período de 1991 a 2000, foram emancipados 1.016 municípios, o que representou um aumento de 18%. Já entre 2000 e 2007, surgiram somente 57 novos municípios, valor equivalente a 1% do total[9].

Eis os dados.

Figura 24. Número de municípios no Brasil, 1940–1007. Fonte: elaboração própria a partir de dados do Atlas Nacional do Brasil/IBGE.

E aumentou por uma simples questão de incentivo. A lei incentiva a cisão e a criação de mais municípios, ao serem bancados por dinheiro de repasse estadual e federal, de forma que 2 municípios de 30.000 habitantes podem muito bem receber mais verba que um só de 60.000. É uma questão de incentivos. Essa lei geraria o mesmo efeito em qualquer lugar do mundo. Não é algo inexplicável, não é peculiar e não é um dado da natureza imutável.

3.5 Favelas. Peculiaridade ou não?

O Brasil não é o único país do mundo a ter favelas e não é o país com o maior número de pessoas vivendo em favelas. **O Brasil é o 6º país com mais pessoas vivendo em favelas, mas em porcentagem é o 88º.**

Eis o ranking (em números absolutos):

1. China 204,121,112.00.

2. Índia 162,027,067.00.

3. Nigéria 53,151,414.00.

4. Indonésia 45,315,151.00.

5. Paquistão 31,204,065.00.

6. Brasil 29,557,684.00.

Veja o mapa na **Figura 29**.

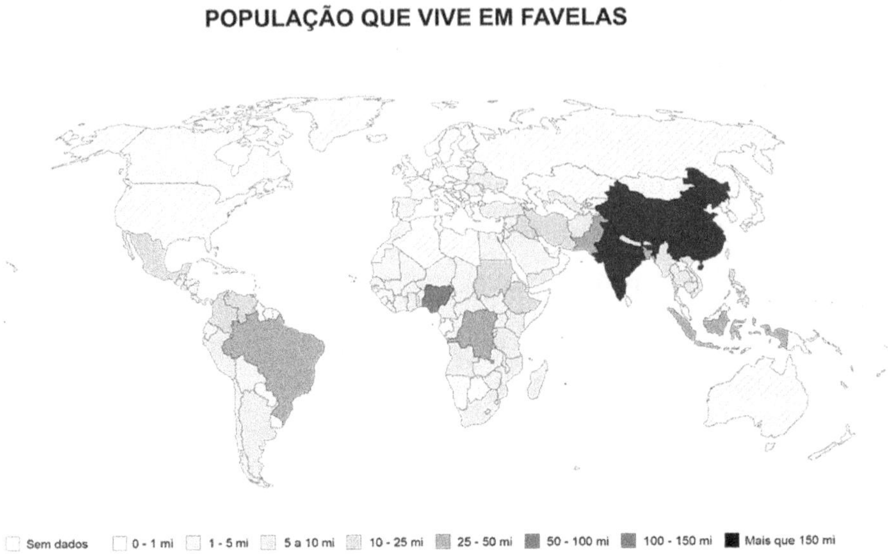

Figura 29. Mapa da população que vive em favela. Fonte: elaboração própria a partir de dados do Our World in data.

Em termos históricos, a situação está melhorando. Eis a evolução cronológica.

O Brasil está lentamente melhorando, passou de 40 milhões de pessoas para 29, em 28 anos, mais de um milhão de pessoas anualmente. **(Figura 30)**

Mas o ponto principal é que isso é sobre números absolutos e, como já vimos no cap. 2, olhar números absolutos é altamente desviante. Como sabemos, é mais correto olhar os números em porcentagem. E quando olhamos aos números proporcionais, o Brasil se dá muito melhor na comparação internacional. Eis um mapa para comparação internacional (em porcentagem), ver **Figura 31**.

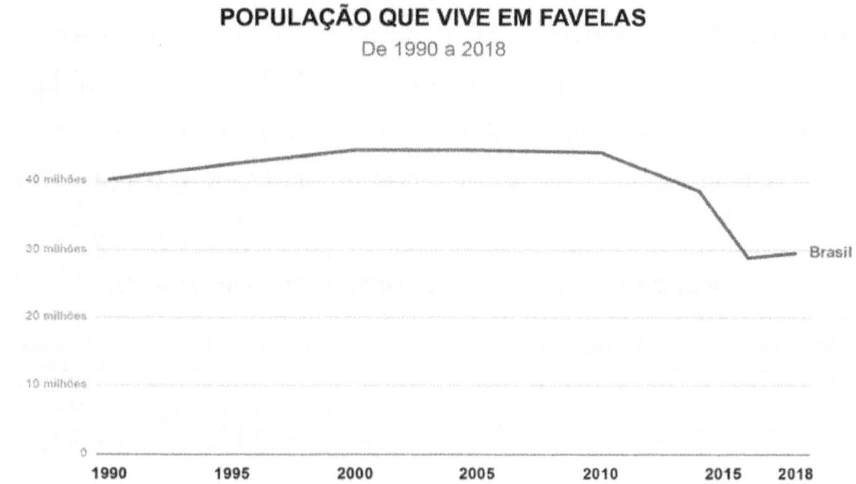

Figura 30. Gráfico da população que vive em favela, 1990–2008, Brasil. Fonte: elaboração própria a partir de dados do Our World in data.

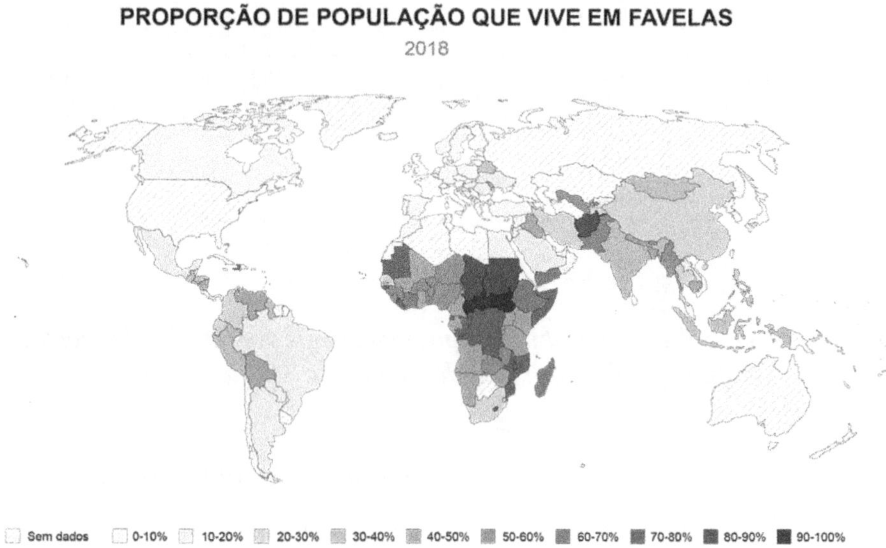

Figura 31. Mapa da porcentagem da população que vive em favela. Fonte: elaboração própria a partir de dados do Our World in data.

O Brasil tem cerca de 15% da população que vive em favelas. Como podem ver, vários outros países estão bem piores; até na América Latina tem países piores como Venezuela, Bolívia, Peru, Colômbia, etc. No resto do mundo, tem também o sul-leste da Ásia e quase toda a África. Veja o ranking internacional (em porcentagem). **(Figura 32)**

PROPORÇÃO DE PESSOAS QUE VIVEM EM FAVELAS, POR PAÍS

RANKING	PAÍS	PORCENTAGEM
1	República Centro-Africana	95,4%
2	Sudão do Sul	91,4%
3	Sudão	88,4%
4	Chade	86,9%
5	São Tomé e Príncipe	85,7%
6	Rep. Democrática do Congo	77,5%
7	Moçambique	77,2%
8	Guiné-Bissau	74,4%
9	Mauritânia	73,2%
10	Somália	72,1%
11	Afeganistão	70,7%
12	Libéria	70,3%
13	Comores	68,4%
14	Iêmen	66,2%
15	Haiti	65,9%
16	Malawi	65,1%
17	Guinea Equatorial	64,9%
18	Djibouti	64,5%
19	Etiópia	64,3%
20	Madagascar	61,2%
21	Líbano	61,1%
22	Costa do Marfim	60,1%
23	Moldávia	59,2%
24	Serra Leoa	59,1%
25	Benin	58,8%
26	Níger	58,8%
27	Burkina Faso	57,1%
28	Jamaica	57,1%
29	Myanmar	56,1%
30	Zâmbia	54,6%
31	Togo	54,3%
32	Nigéria	53,9%
33	Lesoto	53,6%
34	África Sub-Saariana	53,6%
35	Uzbesquistão	52,2%
36	Guiné	50,1%
37	Nepal	49,3%
38	Angola	48,6%
39	Bolívia	48,5%
40	Uganda	48,3%
41	Congo	47,8%
42	Burundi	47,7%
43	Bangladesh	47,2%
44	Mali	47,2%
45	Quênia	46,5%
46	Iraque	45,7%
47	Cambodja	45,1%
48	Venezuela	44,1%
49	Filipinas	42,9%
50	Namíbia	42,3%
51	Nicarágua	42,2%
52	Ruanda	42,1%
53	Tanzânia	40,1%
54	Paquistão	40,1%
55	Honduras	38,6%
56	Mongólia	38,3%
57	Síria	37,9%
58	Gabão	36,6%
59	Índia	35,2%
60	Geórgia	34,1%
61	Camarões	33,7%
62	Zimbábue	33,5%
63	Timor-Leste	33,4%
64	Bielorrússia	33,2%
65	Peru	33,1%
66	Essuatini	32,1%
67	Guiana	31,1%
68	Guatemala	31%
69	Indonésia	30,6%
70	Gana	30,4%
71	Maldivas	30,1%
72	Senegal	29,5%
73	Colômbia	27,8%
74	Gâmbia	27,1%
75	Montenegro	27,1%
76	Tajiquistão	26%
77	África do Sul	25,6%
78	Irã	25,3%
79	China	24,6%
80	Tailândia	23,7%
81	Jordânia	23,4%
82	El Salvador	22,4%
83	Panamá	22,1%
84	Laos	21,1%
85	Equador	20,1%
86	Ucrânia	19%
87	Paraguai	17,1%
88	Brasil	16,3%

Figura 32. Tabela do ranking de população que vive em favela. Fonte: elaboração do autor com dados do Our World in Data.

Em termos proporcionais, então, **o Brasil é o 88º país do mundo com mais pessoas vivendo em favelas.** 88º e não 1º, nem 6º.

Ou seja, quando colocada em proporção, a questão assume toda outra conotação. O Brasil cai da 6ª posição (em números absolutos) para a 88ª (em porcentagem); a China da 1ª à 79ª; a Índia da 2ª à 59ª a Nigéria da 3ª à 32ª posição.

Isso é normal para países grandes. É o viés errado de olhar aos números absolutos em lugar dos números proporcionais que vimos no capítulo 2.

De fato, quando olhamos a evolução histórica desse dado proporcional, também observamos uma melhora. Veja o dado na **Figura 33**.

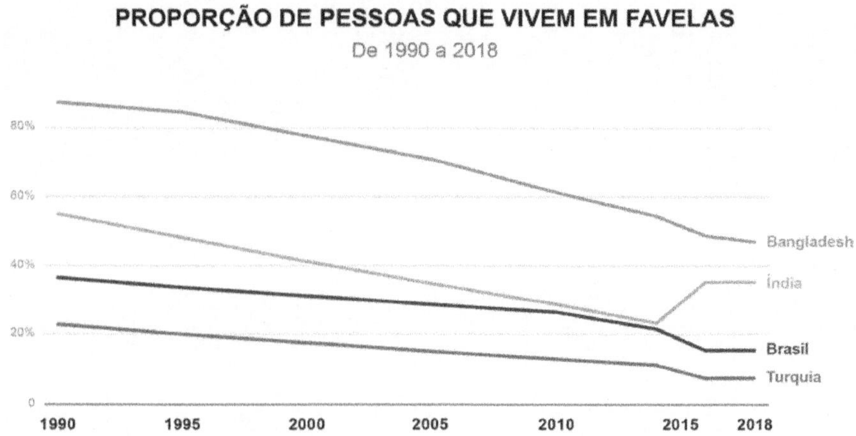

Figura 33. Gráfico da parcela de população que vive em favelas, 1990–2008, vários países. Fonte: elaboração própria a partir de dados do Our World in data.

Além disso, é verdade que **o termo "favela" é brasileiro** (nasceu na histórica revolta de Canudo), mas existem outras palavras em outros países e outras línguas. Em Angola se fala "musseque"; em Portugal "bairro de lata"; em Moçambique "caniço". Existem vários outros termos para definir as favelas ou situações similares: , banlieue, bidonville, bandas de miséria, bairro marginal, morro, loteamento, barraca, musseque, Inner city, tugurio, etc. Isso porque o fenômeno favela, existe também em outros países, obvio, especialmente, nos países pobres. Ao nível internacional, de forma geral, se usa o termo "slum".

Mas o que se entende exatamente por "favela"? O que se mede ao nível internacional é o número (absoluto e em porcentagem) de i) um grupo de pessoas que vive sob o mesmo teto onde falta uma ou mais dessas condições: ii) água limpa; iii) saneamento básico; iv) bastante espaço para os membros da casa; v) durabilidade da casa. E os dados aqui demonstrados representam isso.

4

O QUE É JABUTICABA

4.1 Administração pública

NO QUESITO ADMINISTRAÇÃO PÚBLICA, o Brasil está em algumas posições no topo do mundo.

- **O Brasil tem o 2º Congresso mais caro do mundo.**
- **O Brasil é o 2º país com mais empresas estatais do mundo.**
- **O Brasil tem a maior concentração de ativos bancários nas mãos de bancos estatais do mundo.**
- **O maior banco de desenvolvimento do mundo, maior até que o Banco Mundial.**
- **O Brasil é o 7º país do mundo que mais gasta com funcionários estatais.**
- **O Brasil tem o sistema fiscal mais complexo do planeta.**

Vamos ver no detalhe, então.

O Brasil tem **o 2º Congresso mais caro do mundo.** É o que mostra um estudo da União Parlamentar Internacional, do Banco Mundial e do FED (Banco Central Americano)[1]. Veja a **Figura 34** com os 4 primeiros.

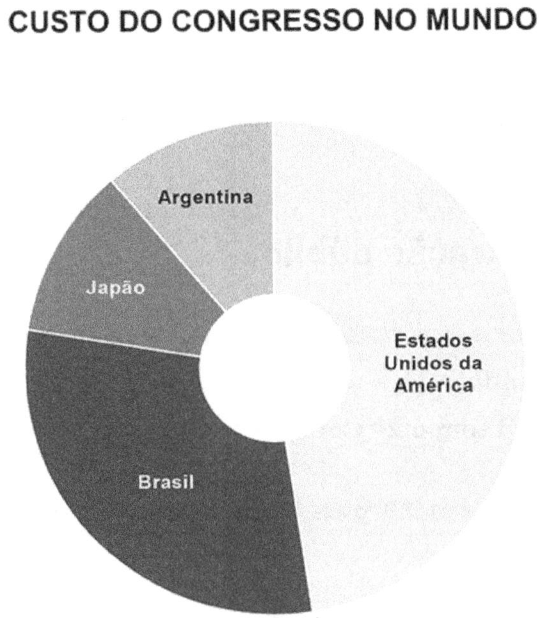

Figura 34. Gráfico do custo do Congresso, países selecionados. Fonte: elaboração própria a partir de dados do Ndmais.

Em 1º lugar, os EUA, em 3º o Japão e em 4º a Argentina. Mas quando colocamos a situação em proporção ao PIB, ou seja, para ver a quais cidadãos custa mais o Congresso, a coisa muda. Nesse caso, "o Poder Legislativo no Brasil é o primeiro em despesas. **O gasto com cada congressista corresponde a 528 vezes a renda média dos brasileiros.** O segundo lugar é da Argentina. Lá, cada congressista custa o equivalente a 228 vezes a renda média local"[2].

O Brasil é o 2º país com mais empresas estatais do mundo (418).

Veja **Figura 35** que mostra uma comparação internacional, considerando só as empresas estatais federais (sem contar as estaduais e municipais).

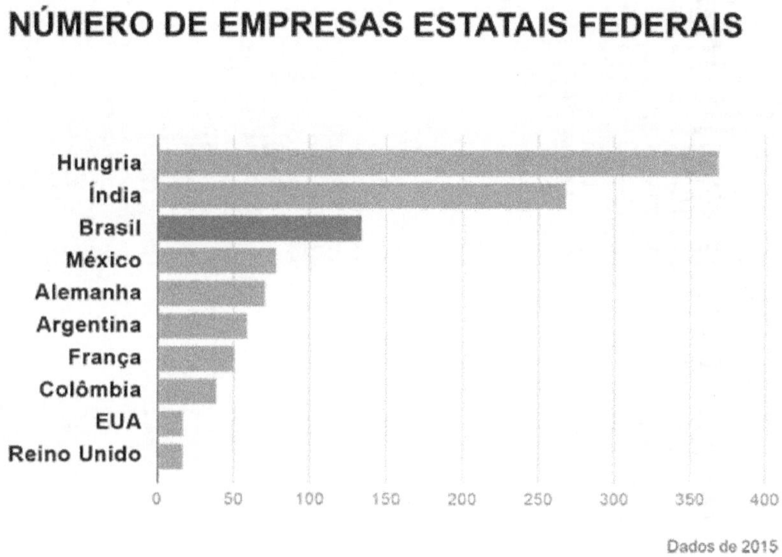

Figura 35. Tabela dos países com mais empresas estatais. Fonte: elaboração própria a partir de dados da BBC e da OCDE.

Nesse gráfico de 2015, o Brasil (134 empresas estatais federais) aparece, portanto, na **4ª posição,** atrás de China (51.341), Hungria (370), Índia (270). Mas **adicionando as empresas estatais estaduais e municipais, chegamos a mais de 400 e o Brasil chega à 2ª posição mundial**. Veja na **Figura 36** os dados completos.

Figura 36. Gráfico do número de empresas estatais por país. Fonte: elaboração própria a partir de dados do Estado de São Paulo e EESP-FGV.

São cerca de 837.000 empregos diretos e cerca de 10% das empresas listadas em bolsa.

Um caso em si é representado pelos bancos estatais. O Brasil tem outro recorde. **O Brasil tem a maior concentração de ativos bancários nas mãos de bancos estatais do mundo**. Veja o mapa na **Figura 37**.

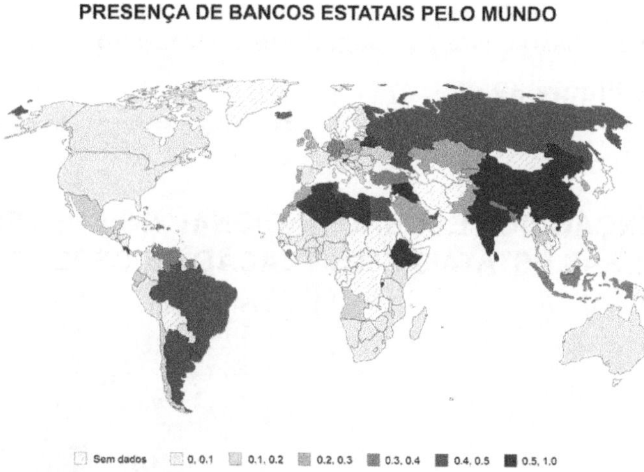

Figura 37. Mapa dos países com mais bancos estatais. Fonte: elaboração própria a partir de dados do IMF.

Além disso, outra jabuticaba internacional é o BNDES. **O maior banco de desenvolvimento do mundo, maior até que o Banco Mundial.** Veja a evolução do número de empresas estatais da União na **Figura 38.**

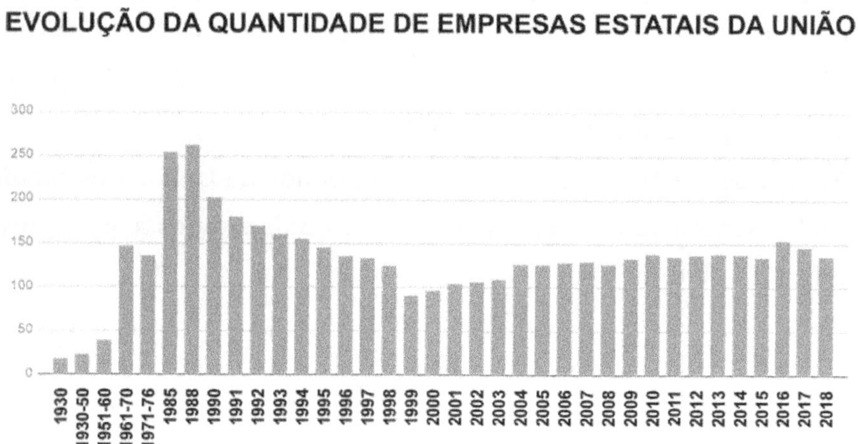

Figura 38. Gráfico da tendência do número de empresas estatais da União. Fonte: elaboração própria a partir de dados do SEST/MPOG.

Obviamente, isso custa aos pagadores de impostos. Veja a evolução do custo na **Figura 39**.

Figura 39. Gráfico de quanto custam as empresas estatais ao Tesouro Nacional. Fonte: elaboração própria a partir de dados do SEST/MPOG.

Veja na **Figura 40** alguns salários.

Empresas estatais podem ser de propriedade da União, dos estados ou até dos municípios. A **Figura 41** mostra quais estados têm empresas estatais e os setores[3].

ESTATAIS COM MÉDIAS SALARIAIS MAIS ELEVADAS

PPSA	R$ 34.124
BNDES	R$ 31.070
Petrobras	R$ 25.164
CODEVASF	R$ 20.797
FINEP	R$ 20.201
Embrapa	R$ 20.194

Figura 40. Tabela das empresas estatais com maiores salários. Fonte: Elaboração própria a partir de dados do Instituto Liberal e do Relatório das estatais do Ministério da Economia, 2020.

EMPRESAS ESTATAIS E SETORES, POR ESTADO DA FEDERAÇÃO

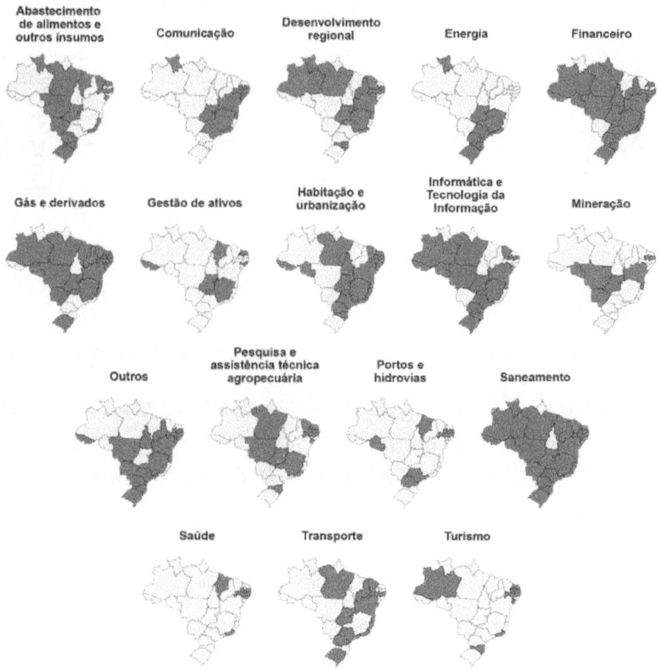

Figura 41. Gráfico das empresas estatais por região e por setor. Fonte: elaboração própria a partir de dados do Tesouro.

A remuneração média do setor público é de 5,6 salários-mínimos, e a do setor privado é 2,3.

O Brasil é o 7º país do mundo que mais gasta com funcionários estatais.

O salário médio na esfera federal é 9,2 mil reais, na esfera estadual é 5 mil reais, na esfera municipal é 2,9 mil reais. O salário médio dos funcionários federais é 3 vezes o municipal e quase o dobro do estadual. Eis uma comparação internacional na **Figura 42**.

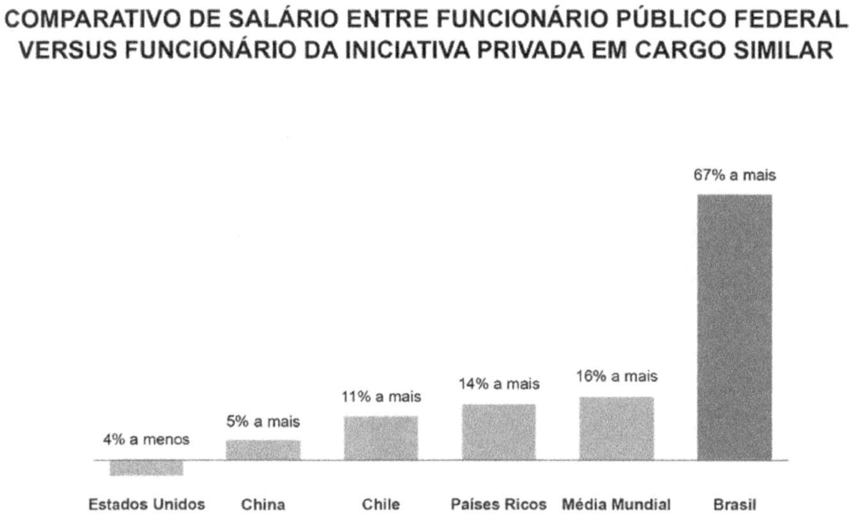

Figura 42. Gráfico da diferença salarial entre funcionários estatais federais e trabalhadores do setor privado. Fonte: elaboração própria a partir de dados do Ranking dos Políticos e do Banco Mundial.

Outra assimetria salarial é a seguinte: a remuneração média no judiciário é de 12,1 mil reais, no legislativo 6 mil, no executivo é de 4,9 mil. Veja na **Figura 43** o mapa mundial dessa questão.

QUANTO CUSTAM OS FUNCIONÁRIOS ESTATAIS, EM PROPORÇÃO AO PIB

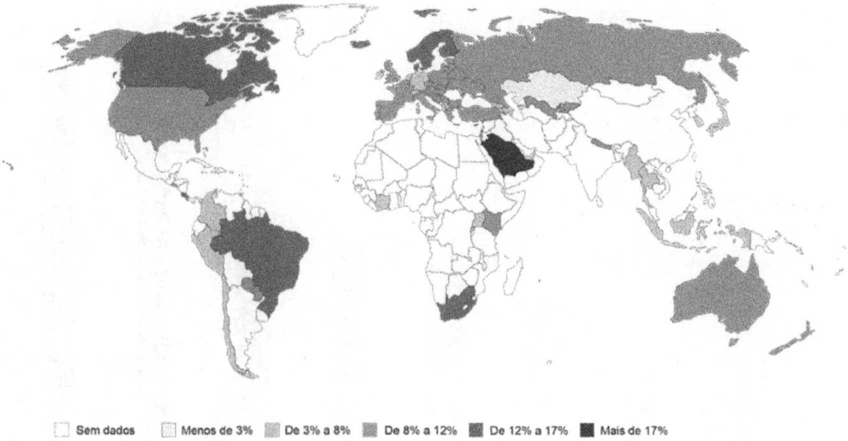

PAÍSES	% DO PIB
Arábia Saudita	17,1%
África do Sul	15,2%
Dinamarca	15,1%
Noruega	14,9%
Islândia	14,4%
Samoa	13,1%
Brasil	12,9%
Costa Rica	12,8%
Suécia	12,6%
Chipre	12,3%
Canadá	12,1%
Finlândia	12,0%
San Marino	11,9%
Croácia	11,9%
Bélgica	11,9%
França	11,8%
Quirguistão	11,5%
Eslováquia	11,4%
Grécia	11,3%

PAÍSES	% DO PIB
Estónia	11,1%
Malta	10,9%
Bósnia e Herzegovina	10,8%
El Salvador	10,7%
Letônia	10,7%
Áustria	10,5%
Bulgária	10,4%
Portugal	10,4%
Bielo-Rússia	10,4%
Espanha	10,4%
Polônia	10,4%
Sérvia	10,2%
Hungria	10,1%
Lituânia	10,1%
Ucrânia	10,0%
Eslovênia	9,9%
Israel	9,9%
Luxemburgo	9,7%
Austrália	9,5%

PAÍSES	% DO PIB
Tchéquia	9,5%
Itália	9,4%
Rússia	9,4%
Reino Unido	9,0%
Nepal	8,9%
Maurício	8,8%
Quênia	8,7%
EUA	8,7%
Turquia	8,7%
Paraguai	8,6%
Nova Zelândia	8,5%
Uzbequistão	8,0%
Países Baixos	7,9%
Alemanha	7,6%
Suíça	7,5%
Moldávia	7,4%
Chile	7,1%
Emirados Árabes Unidos	7,0%
Albânia	6,9%

PAÍSES	% DO PIB
Peru	6,8%
Irlanda	6,5%
Macedônia do Norte	6,4%
Coréia do Sul	6,3%
Tailândia	5,7%
Colômbia	5,7%
Ruanda	5,5%
Japão	5,2%
Costa do Marfim	5,2%
Armênia	5,0%
Indonésia	4,9%
Azerbaijão	4,1%
Uganda	4,0%
Geórgia	3,6%
Mianmar	3,5%
Singapura	3,5%
Cazaquistão	2,9%

Figura 43. Gráfico do gasto com funcionários estatais em cima do PIB. Fonte: TOMAZELLI I., 2021.

Que seja claro, **a jabuticaba não é o número de funcionários estatais, é o gasto com eles.** Vejam a **Figura 44.**

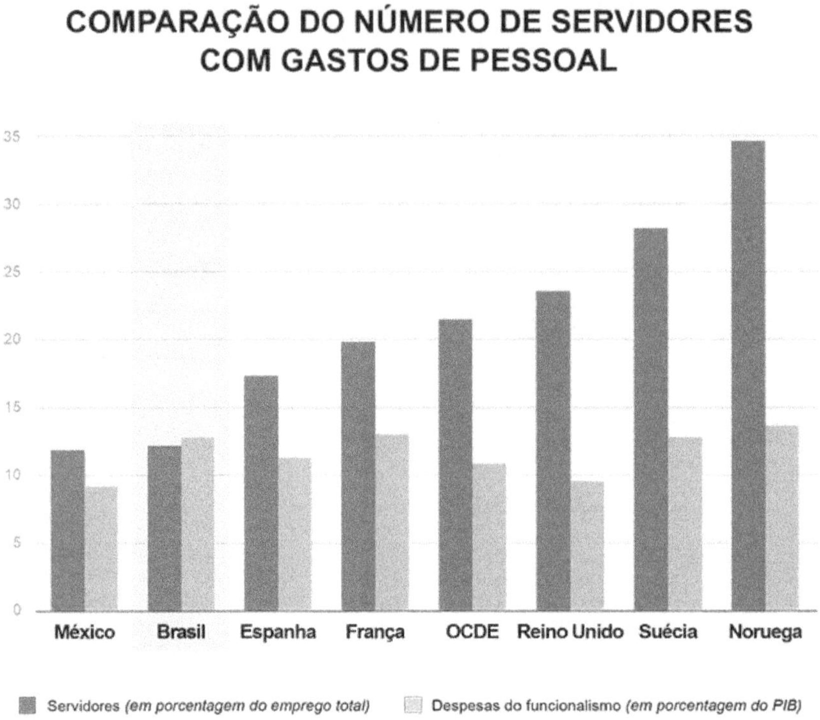

Figura 44. Gráfico do número de funcionários estatais e o gasto. Fonte: KRAMER V., 2023.

O Brasil tem menos funcionários estatais (em porcentagem do emprego total) que Espanha, França, Reino Unido, Suécia e menos que a média da OCDE, mas gasta mais com eles; tem bem menos empregados que a Noruega, mas gasta o mesmo tanto; tem o mesmo número de funcionários que o México, mas gasta mais.

É claro que Espanha, França, Reino Unido, Suécia são países ricos que têm mais dinheiro para gastar e para manter mais funcionários.

Só em 2021, pagamos 21,8 bilhões para manter só 19 empresas estatais dependentes, o equivalente a construir 220 mil casas populares.

Entre todas as pessoas pagas com o dinheiro dos pagadores de impostos, um destaque a parte merece os políticos. Eles também têm um recorde internacional, ganham muito mais que a média da população. Eis os dados internacionais na **Figura 45**:

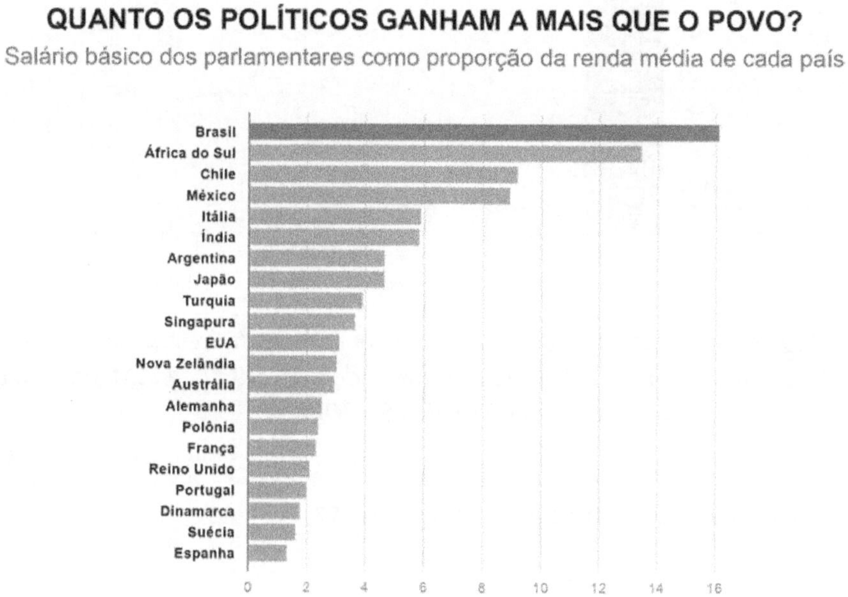

Figura 45. Gráfico de quanto os políticos ganham mais que o povo. Fonte: elaboração própria a partir de dados do Instituto Livres e do FMI.

O Fundo partidário e o financiamento de campanha também são outras jabuticabas. É verdade que subsídios a partidos existem em vários países, mas esse montante é peculiaridade.

Trata-se de 17,8 bilhões: 9,2 bi (1994–2022) e 8,6 bi (2018–2022). Eis uma comparação internacional na **Figura 46**.

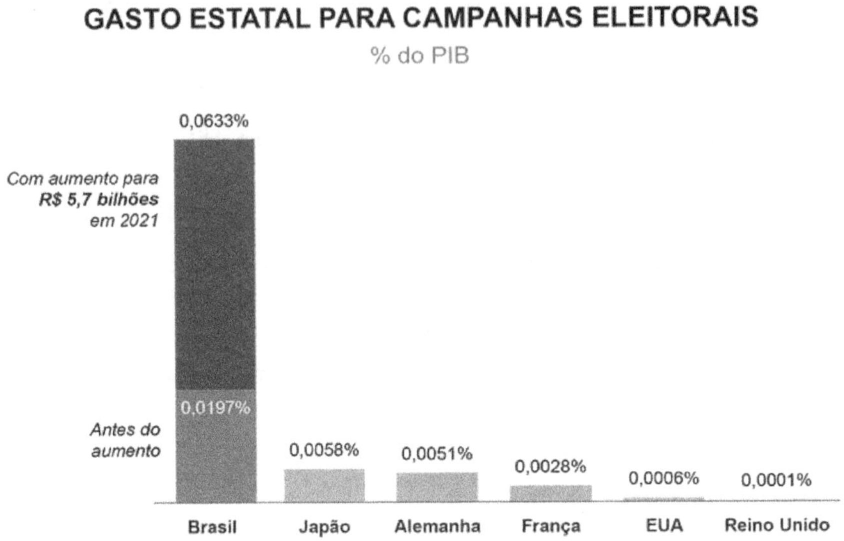

Figura 46. Gráfico do gasto estatal com campanhas eleitorais. Fonte: Elaboração própria com base nos dados de CASTRO L., CAMARA O., & OLIVEIRA S., 2021.

Eis uma evolução histórica na **Figura 47**.

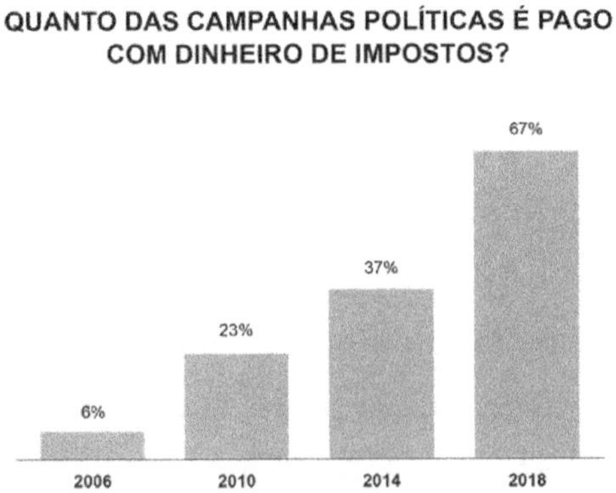

Figura 47. Gráfico do quanto das campanhas eleitorais é pago com impostos, 20026-2018. Fonte: Elaboração própria a partir de dados de ranking dos políticos e TSE/CEPESP.

Houve um aumento enorme. Vale a pena quebrar alguns mitos repetidos o tempo inteiro a respeito. Não é verdade que o financiamento estatal é necessário para permitir que os pobres participem da política **(Figura 48)**.

Figura 48. Gráfico da concentração do fundão por renda. Fonte: Elaboração própria com base nos dados de CASTRO L., CAMARA O., & OLIVEIRA S., 2021.

Também **não é verdade que o financiamento compulsório é necessário para aumentar ou garantir a renovação parlamentar e a troca geracional**. Veja alguns dados na **Figura 49**.

Também não é verdade que o financiamento compulsório torna as eleições mais livres, competitivas e acessíveis. É exatamente o contrário, uma redução de 25% do gasto estatal com partidos e campanhas eleitorais é associada a um aumento de 9% do número de candidatos e a candidatos com uma renda de 40% inferior (menos ricos)[4].

Outro recorde mundial é o seguinte: a complexidade fiscal, mais concretamente, o número de horas necessárias para pagar impostos. Com mais de 1900 horas, **o Brasil tem o sistema fiscal mais complexo do planeta**. Eis a comparação internacional na **Figura 50**.

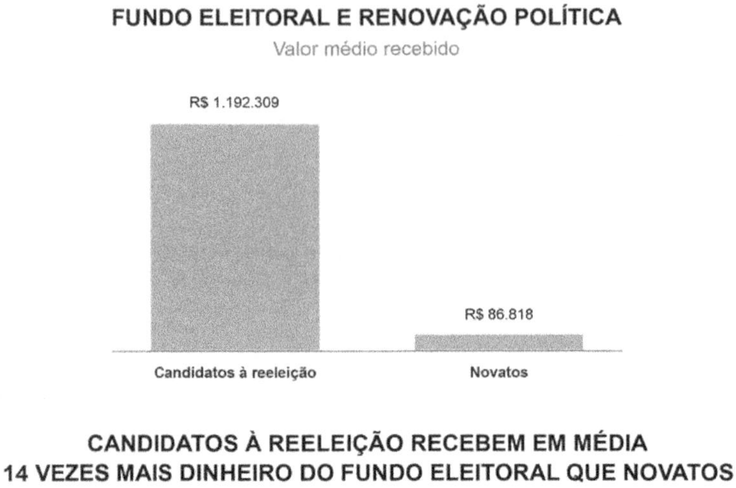

Figura 49. Gráfico da distribuição do Fundo Eleitoral entre candidatos à reeleição e novatos. Fonte: Elaboração própria com base nos dados de CASTRO L., CAMARA O., & OLIVEIRA S., 2021.

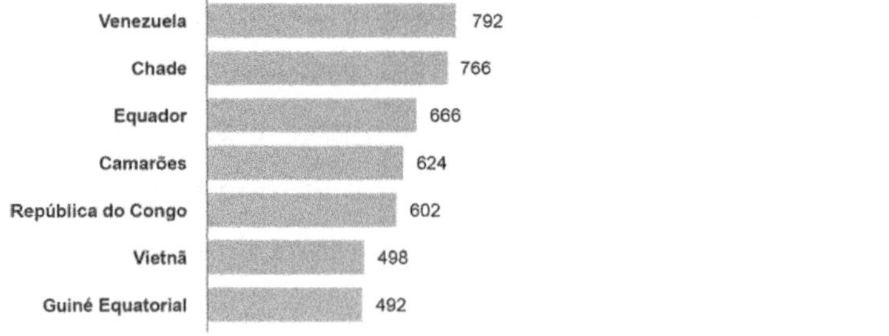

Figura 50. Gráfico do tempo necessário no pagamento de impostos. Fonte: Elaboração própria a partir de dados do Doing Business, Banco Mundial.

E olhem que já foi pior! Em 2013, se tratava de 2.600 horas.

HORAS TRABALHADAS PARA PAGAR IMPOSTOS

OS MAIS RÁPIDOS		OS MAIS DEMORADOS	
PAÍS	HORAS	PAÍS	HORAS
Emirados Árabes Unidos	12	Camarões	654
Bahrain	36	Equador	654
Qatar	48	Senegal	666
Bahamas	48	Mauritânia	696
Luxemburgo	59	Chade	732
Omã	62	Venezuela	792
Suíça	63	Vietnã	872
Arábia Saudita	72	Nigéria	956
Seychelles	76	Bolívia	1.025
Hong Kong	78	Brasil	2.600

Figura 51. Gráfico das horas trabalhadas para pagar impostos. Fonte: Elaboração própria a partir de dados do Banco Mundial, relatório Doing Business 2013.

Ou seja, tão ruim, que melhorou, mas continua ruim, muito ruim.

4.2 Sistema judiciário. Constituição enorme, judiciário caro, foro privilegiado

O Brasil tem a 3ª Constituição mais longa do mundo; a **10ª que promete mais direitos; a 2ª mais emendada do mundo; O STF brasileiro é o supremo tribunal que julga mais casos no mundo; O Brasil é o país com mais pessoas com Foro Privilegiado do mundo.** Veja os dados[5] na **Figura 52**:

CONSTITUIÇÕES MAIS LONGAS DO MUNDO

PAÍS	ANO DE APROVAÇÃO	NÚMERO DE PALAVRAS
Índia	1949	146.385
Nigéria	1999	66.263
Brasil	1988	64.488
Malásia	1957	64.080
Papua Nova Guiné	1975	58.490
México	1917	57.087
Paquistão	2002	56.240
Zimbábue	2013	55.883
Equador	2008	54.555
Reino Unido	1215	54.408
Gana	1992	53.985
São Cristóvão e Névis	1983	49.643
Uganda	1995	49.448
Quênia	2010	48.818
Suazilândia	2005	48.604
Nova Zelândia	1852	48.438
Colômbia	1991	46.902
Guiana	1980	46.221
Lesoto	1993	45.532
Serra Leoa	1996	44.636

Figura 52. Ranking das Constituições mais longas do mundo. Fonte: Elaboração própria a partir de dados de Comparative Constitution Project.

A Constituição brasileira tem 64.000 palavras e vem só depois da indiana e da nigeriana. Ao mesmo tempo, a Constituição brasileira é **a 10ª do mundo que mais promete direitos**. Veja o ranking internacional na **Figura 53**.

CONSTITUIÇÕES QUE MAIS PROMETEM DIREITOS

RANKING	PAÍS	ANO DE APROVAÇÃO	NÚMERO DE DIREITOS
1	Equador	2008	99
2	Bolívia	2009	88
3	Sérvia	2006	88
4	Portugal	1976	87
5	Cabo Verde	1980	87
6	Venezuela	1999	82
7	Armênia	1995	82
8	México	1917	81
9	Angola	2010	80
10	Brasil	1988	79
11	Nicarágua	1987	77
12	Albânia	1998	77
13	Etiópia	1994	77
14	Colômbia	1991	76
15	Montenegro	2007	76
16	República Dominicana	2010	75
17	Zimbábue	2013	74
18	Paraguai	1992	74
19	Maldivas	2008	74
20	Eslováquia	1992	74

Figura 53. Ranking das Constituições que prometem mais direitos. Fonte: Elaboração própria a partir de dados de Comparative Constitution Project.

A palavra "direito" aparece 90 vezes, enquanto a palavra "dever" aparece 7 vezes.

Mas não termina por aqui, a Constituição Brasileira é também **a 2ª mais emendada do mundo**, pelo menos em um estudo comparativo do Senado com outros onze países. Foi emendada 131 vezes (desde 1988), com uma média de 3,7 emendas por ano.

A título de comparação, vamos ver a situação nos outros países pesquisados.

- EUA, 27 emendas em 233 anos.

- Chile, 60 emendas desde 1980.
- Argentina, 7 emendas desde 1853.
- Alemanha, 60 emendas desde 1949.
- Portugal, 7 vezes desde 1978.
- México, 251 emendas desde 1917.

A Constituição do México tem mais emendas em termos absolutos, mas se considerarmos pelo tempo de vigência, o Brasil a supera. A constituição mexicana teve 251 emendas em 106 anos, com uma média de 2,06 emendas por ano, enquanto **o Brasil teve 131 emendas em 35 anos, com uma média de 3,7 emendas por ano**. "A explicação para o Brasil mexer tanto na Constituição está no trâmite. Para uma emenda ser aprovada, é preciso o consentimento de 308 deputados e 49 senadores, numa votação que ocorre em duas etapas na Câmara e no Senado. O Congresso não precisa consultar nenhum órgão para alterar a Carta e são os próprios parlamentares que promulgam as mudanças. A partir desse ato, a regra começa a valer. O presidente da República não pode vetar as alterações.

Em comparação com outros 11 países democráticos, ou o quórum exigido para aprovação das mudanças é maior ou o rito é mais demorado. Mesmo onde o Congresso também tem o poder de alterar a Constituição sozinho, a restrição é maior. No Peru, são necessários dois terços do Congresso para aprovar uma emenda constitucional. Mas a mudança deve ser proposta numa legislatura e aprovada na seguinte.

Na Colômbia, as mudanças só passam após aprovação por referendo popular e a votação ocorre na legislatura seguinte. Na Alemanha, a aprovação depende do Conselho Federal, composto por representantes dos Estados, além do Parlamento. O quórum exigido é de dois terços dos votos. No Brasil, são três quintos"[6].

No fundo, você já notou indícios disso. Você lê e escuta o tempo inteiro a palavra "PEC". Todas às vezes que você lê ou escuta PEC, é isso, PEC significa Projeto de Emenda Constitucional. São muitas as PECs propostas e aprovadas.

Como quase todas as áreas, o sistema judiciário também tem suas particularidades. A começar pelo **custo**. Eis, por exemplo, alguns dados que mostram o gasto em proporção ao PIB com o sistema judiciário em comparação com alguns países **(Figura 54)**.

Figura 54. Gráfico do gasto com o judiciário em proporção ao PIB. Países selecionados. Fonte: elaboração própria a partir de dados do Ranking dos Políticos e da CNI.

Isso é sobre custo em proporção ao PIB, não é sobre custo absoluto e não é sobre qualidade do sistema. Vamos agora ver outra útil comparação do Brasil com outros países **(Figura 55)**.

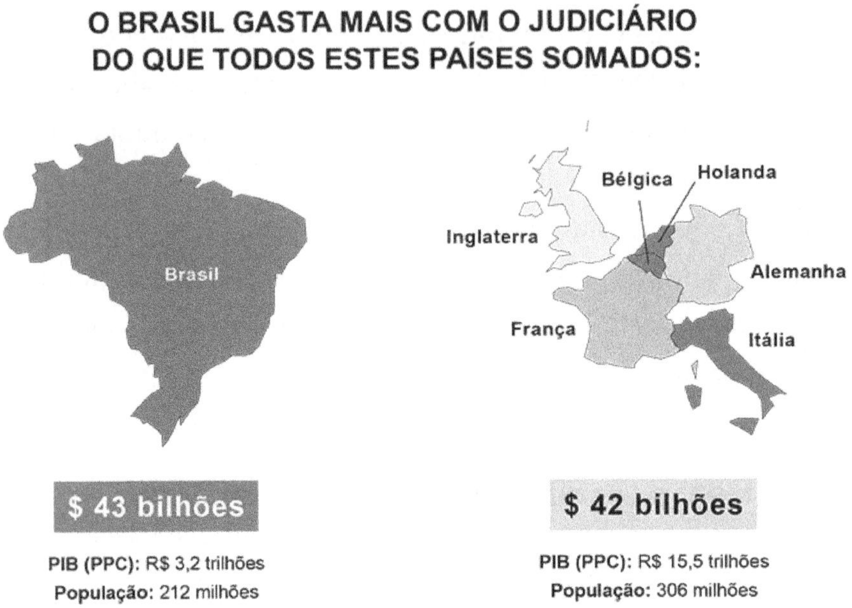

Figura 55. Mapa da comparação de gasto com o judiciário. Fonte: elaboração própria com base nos dados CNJ/CEPEJ.

Ou seja, o Brasil gasta mais que Bélgica, Inglaterra, Holanda, França, Itália e Alemanha juntos, com uma população de 212 milhões de habitantes contra 306 milhões.

Os salários também refletem essa realidade. Veja uma comparação na **Figura 56.**

A comparação fica ainda mais incrível quando se pensa que o custo de vida de Holanda, França, Portugal e Alemanha é bem mais alto.

Outra particularidade é a **Justiça Eleitoral**. "É um exemplo único no mundo", afirmou, em entrevista ao Jornal do Senado, o ministro do Supremo Tribunal Federal José Antonio Dias Toffoli"[7].

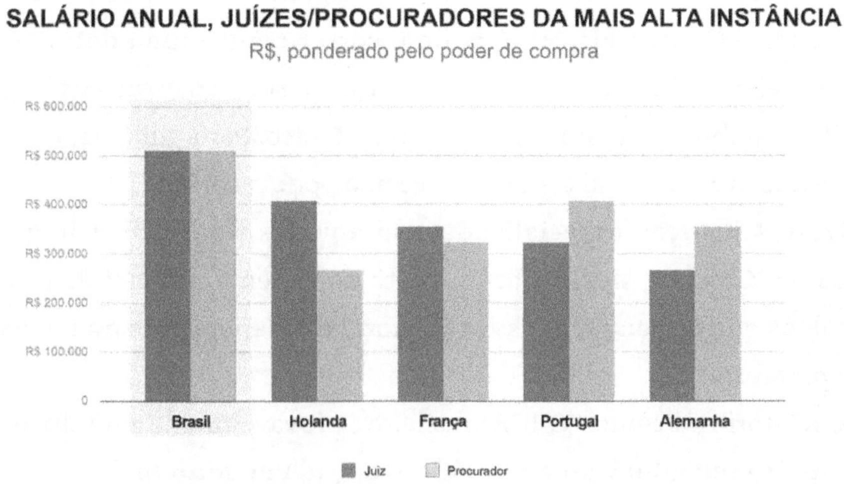

Figura 56. Gráfico do salário anual de juízes e procuradores da mais alta instância. Fonte: elaboração própria com base em dados do European Commission for the efficiency of justice.

Só 17 países têm tribunais eleitorais específicos: Brasil, Costa Rica, Nicarágua, Paraguai, Chile, República Dominicana, Equador, México, Peru, Albânia, Grécia, Autoridade Palestina, Suécia, África do Sul, El Salvador, Honduras e Panamá[8].

Mas só no Brasil, a Justiça Eleitoral tem todas essas atribuições. A justiça eleitoral brasileiras organiza as eleições (função que geralmente é feita pelos executivos), normatiza (função geralmente feita pelo legislativo e pelo executivo), fiscaliza (função geralmente feita pela justiça ordinária ou por cortes ad hoc temporárias) e julga (função geralmente feita pela justiça ordinária ou por cortes ad hoc temporárias). **Organiza, normatiza e julga ela mesmo.** "O Brasil é um dos poucos países em que a organização das eleições é feita pela Justiça Eleitoral. Na maioria das nações, isso é feito pelo Executivo, como nos Estados Unidos, ou por órgão autônomo, como na Alemanha e na Espanha, onde representantes da sociedade e do governo participam"[9].

No Brasil, El Salvador, Honduras, Panamá e Paraguai, Bolívia, Equador e Guatemala, você pode recorrer contra uma decisão da justiça eleitoral até a Corte Suprema (ou Corte Constitucional). Em Chile, República Dominicana, Equador, México, Peru, Albânia, Grécia, Palestina, África do Sul e Suécia, você não pode recorrer[10].

Dessas justiças especializadas, só aquelas de Brasil, Paraguai, Albânia, Grécia e México fazem parte do sistema judicial de forma geral, os outros países, a Justiça Eleitoral é independente do resto da magistratura[11].

O relatório adiciona: "O TSE brasileiro é provavelmente **a instituição de justiça tecnologicamente mais avançada do mundo**"[12].

No Brasil, pagamos **11,8 bilhões por ano** (32 milhões por dia) **para manter a Justiça Eleitoral e seus 24.515 funcionários, com ou sem eleições**[13].

Além disso, tem a questão do **Foro Privilegiado. O Brasil é o país com mais pessoas com Foro Privilegiado do mundo**, eis uma comparação com outros países na **Figura 57.**

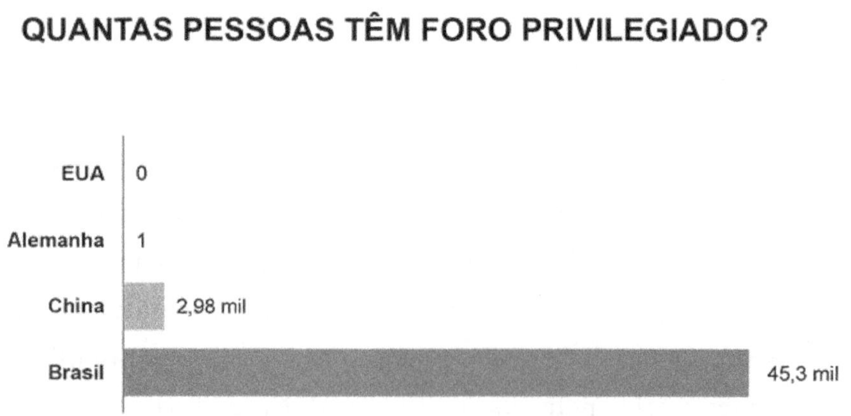

Figura 57. Gráfico de quantas pessoas têm foro privilegiado. Países selecionados. Fonte: Elaboração própria com base nos dados Ranking dos Políticos e O Globo.

Cinco diversas fontes alegam que se trata de 55.000 pessoas[14].

Quase todos os países do mundo têm algum tipo de proteção legal, tipo foro privilegiado, mas só o Brasil tem tantos protegidos. Vamos explicar: algum tipo de imunidade existe em quase todos os países do mundo. Todos os países preveem, por exemplo, a imunidade diplomática. Além disso, em vários países, alguns cargos (parlamentares, presidentes das câmaras, presidente da república, etc.) têm imunidade política. A justificativa é que se trata de funções sensíveis, estratégicas e que poderiam sofrer perseguição judiciaria por motivos políticos. Por outro lado, muitos temem que a imunidade possa incentivar ilegalidades. Ainda, a imunidade pode ser sobre i) questões políticas ou até sobre crimes comuns; ii) só no contexto do exercício das próprias funções ou mais extenso; iii) as investigações e o processos param e recomeçam depois do fim do mandato ou o processo continua, mas é feito em um tribunal especial específico.

Eis, por exemplo, alguns quadros que mostram como funciona em alguns outros países **(Figura 58)**.

Veja, na **Figura 59**, quais autoridades são cobertas por esse tipo de proteção em outros países.

No Brasil, muitas mais pessoas têm imunidade, aqui chamado de foro privilegiado. Além disso, em 27 anos, de todas as ações de foro privilegiado julgadas no STF, só 3% resultaram em condenações[15].

O *Heritage Foundation* elabora um ranking internacional da qualidade do judiciário, considerando várias variáveis como independência, qualidade dos processos judiciais, etc. Nesse ranking, o Brasil está na **72ª posição mundial**[16].

O FORO PRIVILEGIADO NO MUNDO

EUA, México e Suécia	Não existe foro privilegiado.
Inglaterra	Primeiro-ministro, ministros e deputados estão sujeitos a julgamentos em primeira instância como qualquer cidadão.
Cabo Verde	Não existe foro privilegiado.
Portugal	Têm foro especial o primeiro-ministro e o presidente da Assembleia. São julgados pelo Supremo Tribunal de Justiça apenas por crimes ocorridos durante o exercício do mandato
Colômbia	Tem um modelo parecido com o do Brasil. Presidente, parlamentares, procurador-geral, governadores e magistrados têm o privilégio.
China	Os 3 mil integrantes da Assembleia Nacional Popular só podem ser processados mediante autorização de 178 representantes da Casa.
Moçambique	Como no Brasil, parlamentares só podem ser presos em flagrante delito. Para que eles sejam processados, o Congresso tem de autorizar.
Espanha	Uma câmara especial na Corte Constitucional julga parlamentares, presidente e membros do governo.
Áustria	A Corte Constitucional julga presidente, membros do governo federal e de governos locais, além de governadores e algumas autoridades específicas de Viena.
França	O presidente não pode ser alvo de nenhum tipo de ação durante seu mandato. Responde à Justiça comum depois de deixar o cargo.

Figura 58. Gráfico do foro privilegiado no mundo, países selecionados. Fonte: Revista Oeste, 2020.

QUANTAS PESSOAS TÊM "FORO PRIVILEGIADO", POR PAÍS

PAÍS	PRESIDENTE	MINISTROS	PRES. DO PARLAMENTO	PARLAMENTARES	GOVERNADORES	PREFEITOS
Alemanha	Sim	Não	Não	Não	Não	Não
Argentina	Não	Não	Não	Não	Não	Não
Brasil	Sim	Sim	Sim	Sim	Sim	Sim
Chile	Não	Não	Não	Não	Não	Não
Colômbia	Sim	Não	Sim	Sim	Não	Não
Espanha	Sim	Não	Sim	Sim	Não	Não
EUA	Sim	Sim	Não	Não	Não	Não
França	Sim	Sim	Não	Não	Não	Não
Inglaterra	Não	Não	Não	Não	Não	Não
Itália	Sim	Não	Não	Não	Não	Não
México	Não	Não	Não	Não	Não	Não
Portugal	Sim	Não	Sim	Não	Não	Não
Venezuela	Não	Não	Sim	Sim	Não	Não

Figura 59. Gráfico de quais autoridades têm foro privilegiado, por país. Fonte: Elaboração própria a partir de dados de TAVARES N. F., 2001.

Para ter uma visão qualitativa das consequências concretas de tudo isso, o *World Justice Project* elabora o ***Rule of Law Index*** (Ranking do estado de direito). Nesse ranking, o Brasil ocupa a **80ª posição** (em 142) no ranking geral. Veja o mapa na **Figura 60**.

Figura 60. Mapa do ranking estado de direito. Fonte: Elaboração própria a partir do Rule of Law Index.

A área na qual o Brasil vai pior é a justiça penal (criminal). Nessa categoria, o Brasil ocupa a **113ª posição.** Veja o mapa na **Figura 61.**

Figura 61. Mapa do ranking justiça criminal. Fonte: Elaboração própria a partir do Rule of Law Index.

Resumindo todas as posições mais importantes do ranking e as que mais se distanciam da média, esse é o resultado (*Fonte: World Justice Project, 2024)*:

- **80ª posição** (em 142) no ranking geral.
- **113ª** — justiça criminal.
- **114ª** — justo processo e direitos do acusado.
- **122ª** — ordem e segurança.
- **125ª** — Controle efetivo do crime.
- **128ª** — Efetividade do sistema corretivo no reduzir o comportamento penal.
- **129ª** — Funcionários do estado são efetivamente sancionados pelos desvios de conduta cometidos.

- **135ª** — A justiça penal funciona em tempos razoáveis e efetivamente.

- **138ª** — Processos administrativos são conduzidos sem atrasos não razoáveis.

- **139ª** — Funcionários do legislativo não usam o cargo para ganhos privados.

- **141ª** — Sistema penal é imparcial.

4.3 Desigualdade econômica

Todos sabem, tanto ao nível internacional quanto aqui internamente, que o Brasil é um dos países mais desiguais do mundo. **Trata-se da 2ª maior desigualdade de renda do mundo e da 8ª maior desigualdade de riqueza do mundo.**

Quando se fala de "desigualdade", geralmente quer se dizer (implicitamente) desigualdade econômica. Tecnicamente falando, a desigualdade econômica se divide entre "**desigualdade de renda**" e "**desigualdade de riqueza**" (que inclui patrimônio). Em média, há uma correlação inversa entre renda e desigualdade: quanto maior for a renda do país, menor a desigualdade. Em média, a desigualdade econômica é alta em países pobres e de renda média e é mais baixa em países ricos (como mostra a **Figura 62** sobre a desigualdade de renda).

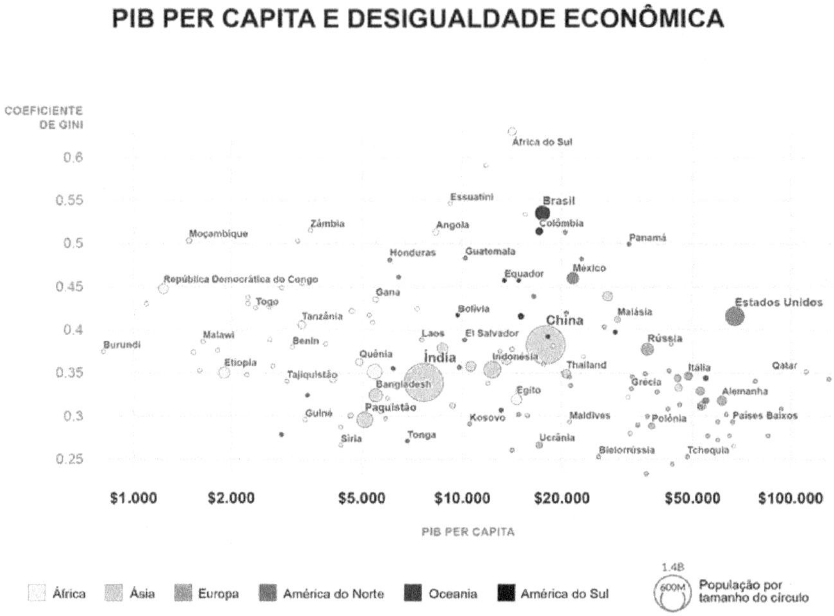

Figura 62. Gráfico do PIB per capita e desigualdade de renda. Fonte: Elaboração própria a partir de dados de Our World in Data.

O método mais utilizado para calcular a desigualdade econômica é o Índice de Gini. Trata-se de um método estatístico (desenvolvido por Corrado Gini) que vai de 0 a 1, com 0 como perfeita igualdade e 1 como desigualdade máxima. Às vezes, para expressar o índice, se usam também porcentagens, onde 0% é igualdade total e 100% é desigualdade máxima.

Vamos começar analisando a desigualdade de riqueza. Eis a **Figura 63** da desigualdade de riqueza.

DESIGUALDADE DE RIQUEZA

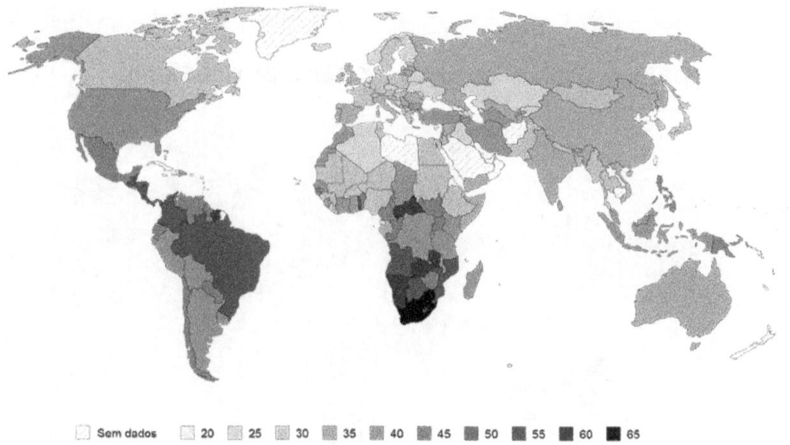

Figura 63. Mapa da desigualdade de riqueza. Fonte: elaboração própria a partir de dados do Banco Mundial.

Notem que quanto mais escuro, mais desigualdade.

Dando um foco maior nos países com mais desigualdade, eis os 10 países com a maior desigualdade de riqueza do mundo (*Fonte: World Population Review)*: 1) África do Sul, 63%. 2) Namíbia, 59,1%. 3) Colômbia, 54,8%. 4) ESwatini, 54,6%. 5) Hong Kong, 53,9%. 6) Botswana, 53,3%. 7) Belize, 53,3%. 8) Brasil, 52%. 9) Zâmbia, 51,5%. 10) Angola, 51,3%.

Ou seja, o **Brasil tem a 8ª maior desigualdade de riqueza do mundo. Quase todos os países dessa lista são africanos, exceto Hong Kong, Colômbia e Brasil; O Brasil é o segundo país das Américas.**

Vamos agora analisar os dados sobre desigualdade de renda. Notem que renda e riqueza/patrimônio são duas coisas diferentes. Esse tipo de desigualdade mede a desigualdade de renda entre determinados grupos, por exemplo, como na tabela acima, o 1% mais rico da população, o 10% mais rico e o 50% mais pobre. Veja, na **Figura 64**, o mapa-mundo com os mesmos dados:

Figura 64. Mapa da desigualdade de renda: coeficiente de Gini. Fonte: elaboração própria a partir de dados de Our World in Data.

Países mais escuros são mais desiguais.

Eis os dados sobre desigualdade de renda. **O Brasil tem a 2ª maior desigualdade de renda do mundo.**

Eis o ranking[17]:

Ranking dos países com as maiores desigualdades de renda *(Fonte: Our World in Data)*: 1) Colômbia, 0,54. 2) Brasil, 0,52. 3) Moçambique, 0,51. 4) Zimbábue, 0,5. 5) Kosovo, 0,49. 6) Panamá, 0,49. 7) Honduras, 0,47. 8) Costa Rica, 0,46. 9) Guatemala, 0,45. 10) Congo, 0,45. 11) Equador, 0,45. 12) Turquia, 0,44. 13) Paraguai, 0,44. 14) México, 0,43. 15) Chile, 0,43. Veja, na **Figura 65**, o gráfico que demonstra a tendência da América Latina:

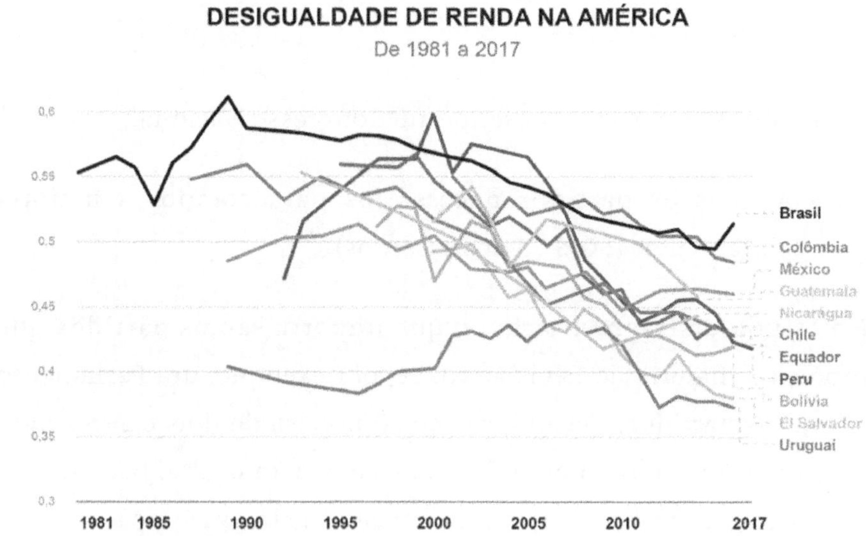

Figura 65. Desigualdade de renda na América Latina, 1981-2017. Fonte: elaboração própria a partir de dados do Our World in Data.

Melhorou, mas continua alta.

A situação do Brasil é similar tanto para desigualdade de renda quanto de patrimônio e de riqueza. A situação melhorou ao longo do tempo, mas ainda ambas as medidas estão muito altas e entre as mais altas do mundo.

4.4 Presidencialismo de coalizão e fragmentação partidária

É verdade que "**o Brasil tem partidos demais**". De fato, comparada a outros países, a fragmentação partidária brasileira é entre as mais elevadas do mundo.

Entretanto, é preciso especificar o que significa "muitos partidos". Na Ciência Política, a contagem pode variar conforme o objetivo da pesquisa:

- Todos os partidos registrados no país;

- Todos os partidos com representação municipal, estadual ou nacional;
- Todos os partidos presentes no Congresso Nacional;
- Apenas os partidos necessários para compor a maioria parlamentar (50% + 1 dos assentos).

No estudo da fragmentação, o que importa são os partidos que compõem a maioria no Legislativo. Se, por exemplo, um Parlamento tem muitos partidos, mas o governo só precisa de dois ou três para garantir maioria, a fragmentação não é considerada alta. Já quando é preciso agregar mais de três, fala-se em elevada fragmentação.

O Brasil figura entre os países com as maiores fragmentações partidárias do mundo. Com a composição de 2018, o Congresso brasileiro era o mais fragmentado globalmente; após as eleições de 2022, continuou entre os líderes, ocupando o segundo lugar.

Diversos métodos científicos são usados para medir isso, como o Índice de Laakso e Taagepera, que calcula o "**número efetivo de partidos**".

De acordo com esse último, os países com maior fragmentação são (Fonte: MALI T., "Poder 360", 2023):

- Bélgica: 9,7
- Brasil: 9,2
- Bósnia-Herzegovina: 9
- Colômbia: 8,7
- Países Baixos: 8,5
- Malásia: 7,7
- Indonésia: 7,5
- Dinamarca: 7,2
- Guatemala: 6,7
- Israel: 6,5

Assim, é inegável que o Brasil tenha uma das mais altas taxas de fragmentação. Esse quadro pode mudar a cada eleição, mas o país costuma se manter entre os líderes nesse aspecto.

Importa ressaltar que isso não é necessariamente ruim: entre os países altamente fragmentados estão Bélgica, Holanda, Dinamarca, Suíça, Finlândia, Islândia e Noruega. Contudo, quando se combina alta fragmentação com grande dimensão territorial, como no caso do Brasil, Indonésia e Tailândia, a complexidade aumenta.

Trata-se de uma consequência institucional do sistema eleitoral e do tamanho do país, não de uma questão cultural.

Passemos agora ao conceito de **Presidencialismo de Coalizão.**

A expressão, criada por Sérgio Abranches[6], descreve a característica do presidencialismo brasileiro em que o Executivo precisa construir amplas coalizões para governar. Afinal, o presidencialismo de coalizão é simplesmente o presidencialismo com multipartidarismo. Nos sistemas multipartidaristas coalizões são normais e inevitáveis.

Embora não seja uma exclusividade brasileira, trata-se de um fenômeno raro. Além do Brasil, apenas Colômbia, Peru, Libéria, Guatemala, Indonésia e Malásia apresentam condições semelhantes, combinando presidencialismo e multipartidarismo com maiorias frágeis e instáveis.

Atualmente existem cerca de 80 países presidencialistas. A maioria é bipartidária (como os EUA) ou possui sistemas menos fragmentados, o que dispensa coalizões tão amplas e instáveis. Já nos regimes parlamentaristas (como Alemanha, Espanha, Itália etc.), coalizões são comuns.

Às vezes o termo "presidencialismo de coalizão" é usado como mera descrição do sistema; outras, como se fosse uma peculiaridade e uma peculiaridade cultural brasileira. Não é peculiaridade e não há nada de cultural. O Executivo precisa buscar coalizões porque, em sistemas multipartidários, dificilmente alcança a maioria sozinho. Trata-se de uma consequência institucional, não de um traço cultural.

Nos EUA, por exemplo, o presidencialismo convive com bipartidarismo, gerando governos de partido único, sem necessidade de coalizões. Se o Brasil adotasse o bipartidarismo, também não teria coalizões.

Da mesma forma, se o país migrasse para o parlamentarismo mantendo o multipartidarismo, as coalizões seriam ainda mais necessárias, como ocorre na Itália e na Espanha. Ou seja: o arranjo político depende das regras eleitorais, que geram incentivos universais e previsíveis, e não de fatores culturais.

Em geral, sistemas eleitorais majoritários tendem a gerar bipartidarismo, enquanto sistemas proporcionais (como o brasileiro) produzem multipartidarismo[7].

Portanto, o presidencialismo de coalizão é uma consequência institucional da combinação entre sistema proporcional e multipartidarismo — não uma jabuticaba brasileira.

4.5 Território. País enorme, grande fronteira, grandes costas, grande população, baixa densidade

Com 8.515 km e **5,6% de toda a massa terrestre do planeta Terra**, o Brasil é um país enorme, um dos maiores países do mundo, **o 5º maior país do mundo**. Antes dele, vem só Rússia (17.000 km), Canadá (9.980 km), China (9.700), EUA (9.300 km).

É o Brasil que é grande, não são os outros países que são pequenos. Por exemplo, em uma lista de 224 países, a Argentina está na 8ª posição, Argélia 10ª, Arábia Saudita 13ª, Turquia 37ª, Chile 38ª, França 49ª, a Espanha 52ª, a Alemanha 63ª, a Itália 73ª, etc.

Em termos de população, com 203 milhões de habitantes e cerca de 2,79% de toda a população mundial, o Brasil está (atualmente) na 7ª posição mundial. Veja na **Figura 66** a comparação internacional.

Figura 66. Ranking dos países mais populosos do mundo. Fonte: Elaboração própria a partir de dados do Statista.

Obviamente, esses dados variam. A Índia, por exemplo, superou recentemente a China, a Nigéria superou o Brasil e as projeções demográficas mostram que o Brasil vai cair nessa lista. Eis, na **Figura 67**, as projeções para 2100.

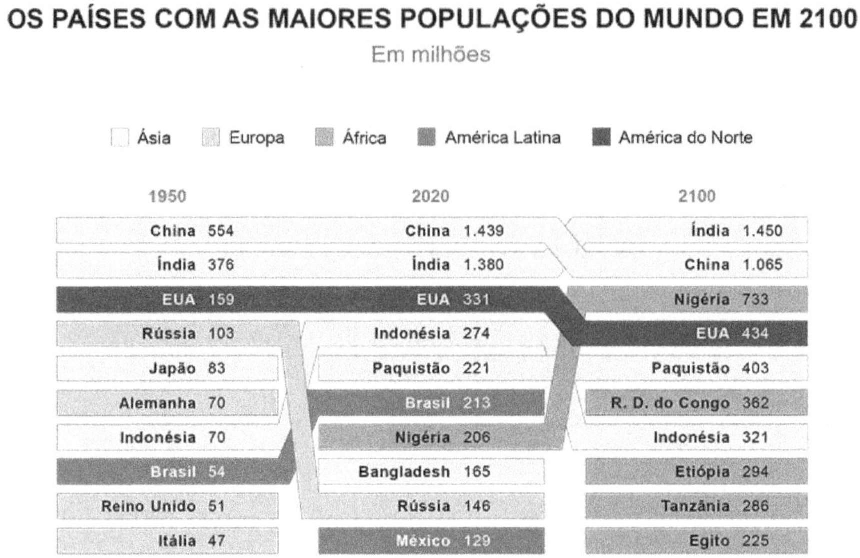

Figura 67. Gráfico dos países mais populosos em 2100. Fonte: Elaboração própria a partir de dados do Statista.

Congo, Etiópia, Tanzânia, Egito e talvez outros deveriam todos superar o Brasil.

Em termos de **densidade populacional**, o Brasil está na **193ª posição** (em 234 países). Ou seja, é um país muito pouco denso. Alguns países menos densos são Austrália, Islândia, Canada, Líbia, Rússia, Bolívia, Noruega, Argentina, Paraguai, Arábia Saudita, Finlândia, Uruguai, Nova Zelândia, etc. Veja na **Figura 68** o mapa mundial.

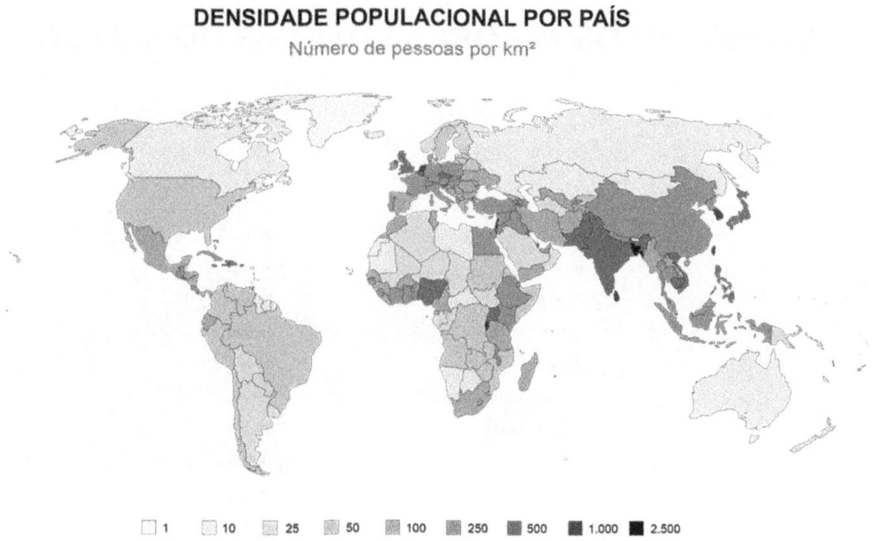

Figura 68. Mapa da densidade populacional por pais. Fonte: elaboração própria a partir de dados do World Population Review.

Os dois países mais populosos do mundo, Índia e China, não são os mais densos, a Índia está na 29ª posição e a China na 84ª. Isso é normal, porque são países muito grandes também em termos territoriais. Não por acaso, os 10 países (e territórios) mais densos são Macau, Monaco, Singapura, Hong Kong, Gibraltar, Bahrain, Maldivas, Malta, Bangladesh, San Martin, ou seja, todos territórios minúsculos. É de novo a diferença entre números absolutos e em porcentagem vista no cap. 2.

Não obstante, seja o 5º maior país do mundo, por extensão, a costa brasileira não é tão grande. O Brasil tem o 16ª maior litoral do mundo. Eis os dados na **Figura 69**.

PAÍSES COM OS MAIORES LITORAIS DO MUNDO

RANKING	PAÍS	LITORAL (KM)
1	Canadá	202.080
2	Indonésia	99.083
3	Noruega	58.133
4	Rússia	37.653
5	Filipinas	36.289
6	Japão	29.751
7	Austrália	25.760
8	Estados Unidos da América	19.924
9	Nova Zelândia	15.134
10	China	14.500
11	Grécia	13.676
12	Reino Unido	12.429
13	México	9.330
14	Itália	7.782
15	Índia	7.516
16	Brasil	7.491
17	Dinamarca	7.314
18	Turquia	7.200
19	Chile	6.435
20	Estados Federados da Micronésia	6.112

Figura 69. Ranking dos países com os litorais mais longos. Fonte: Elaboração própria a partir de dados do World Atlas.

Ou seja, nesse caso, o Brasil fica atrás de países menores como Indonésia, Noruega, Filipinas, Japão, Austrália, Nova Zelândia, Grécia, Reino Unido, México e Itália, porque esses países têm mais ilhas e costas mais fragmentadas.

Além disso, o Brasil faz fronteira terrestre com muitos países, é **o 3º país que faz fronteira com mais países no mundo** (10), depois de Rússia (14) e China (14). Veja o mapa na **Figura 70**.

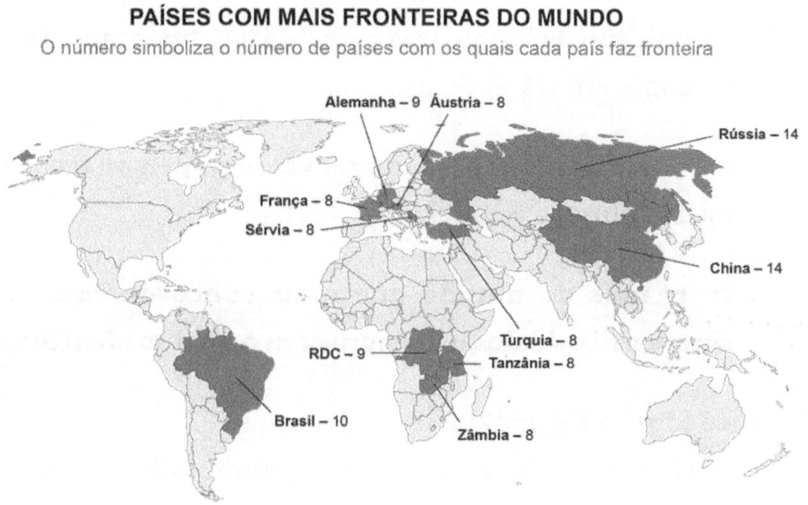

Figura 70. Mapa dos países com mais fronteiras. Fonte: Elaboração própria a partir de dados do World Atlas.

O Brasil faz fronteira com 10 países: Argentina, Colômbia, Bolívia, França (através da Guiana Francesa, sendo um território ultramarino da França), Guiana, Paraguai, Peru, Suriname, Uruguai, Venezuela, ou seja, todos os países da América do Sul, exceto Chile e Equador.

4.6 Entre os países com mais LGBTQ+

Nessa questão, o Brasil é:

- **O 1º país do mundo com mais lésbicas/gays/homossexuais,** empatado com Espanha, Austrália, Canadá e Holanda.

- **O 2º país do mundo com mais bissexuais,** empatado com o México (ambos com 7%) e depois da Índia (com 9%).

- **O 2º país com mais pessoas não heterossexuais do mundo**, 15%. O 1º país é a Índia, com 17% e a média mundial é de 9%.

- **O país com mais pessoas com parentes, colegas ou amigos, gays/lésbicas/homossexuais (66%), bissexual (50%) e transgênero (15%) do mundo.**
- **O 3º país do mundo em querer ver mais personagens LGBT na TV, filmes e publicidade.**
- **O 4º país do mundo que mais concorda com atletas competir baseados no gênero com o qual se identificam.**

Veja os dados na **Figura 71.**

Um relatório do IPSOS explica o seguinte "*Identificação como lésbica/gay/homossexual varia de 5% no Brasil, Espanha, Austrália, Canada e Holanda para 1% na Hungria, Peru, Itália, Polônia, Japão, China, Coreia do Sul, e menos de 1% na Rússia*" e ainda "*A incidência de autoidentificados bissexuais varia de 9% na Índia e 7% no Brasil e México para 1% na Turquia, Japão, e Coreia do Sul*" e ainda "*A proporção daqueles que reportam ser só/majoritariamente/igualmente atraídos pelo mesmo sexo varia [...] mais de 15% em Austrália, Brasil, Bélgica e Índia vs. 4% na Rússia*".

Além disso, **o Brasil é o país com mais pessoas com parentes, colegas ou amigos, gay/lésbicas/homossexual (66%), bissexual (50%) e transgênero (15%) do mundo**. Veja a **Figura 72.**

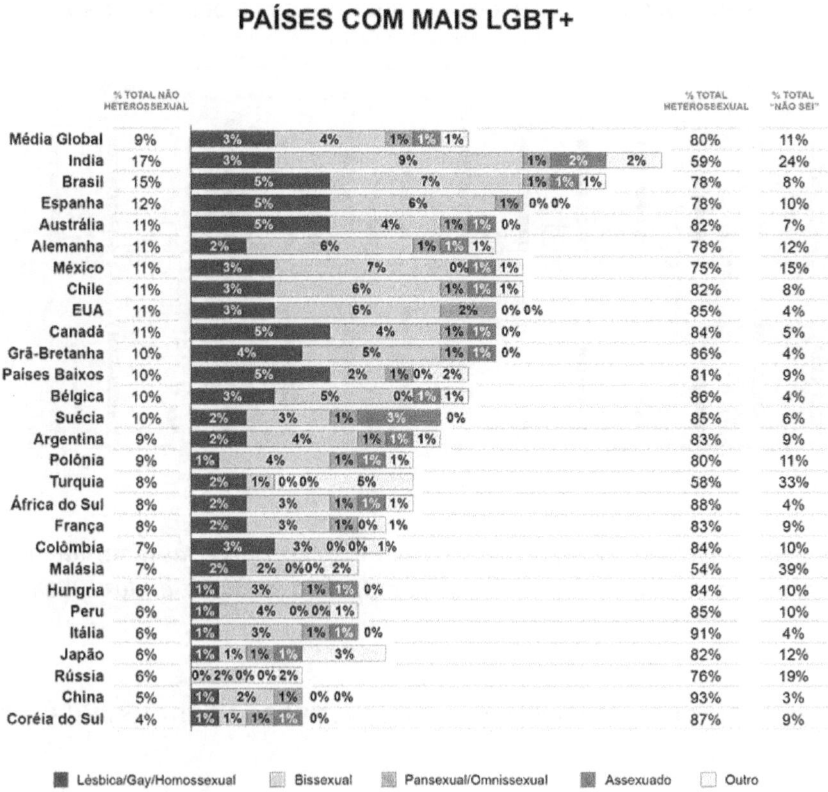

Figura 71. Gráfico da porcentagem de pessoas não heterossexuais, por país. Fonte: elaboração própria a partir de dados IPSOS.

O relatório IPSOS fala "*Globalmente, a exposição a pessoas lésbicas/gay/homossexuais é mais alta no Brasil (66%), México e Chile (64%) e mais baixa em Japão e Coreia do Sul (7%) e na China (11%)*", ainda "*Exposição a pessoas bissexuais é mais alta no Brasil (50%), mais baixa no Japão (4%)*".

Eis outro gráfico (**Figura 73**) mais simples que mostra de forma específica esse ponto, detalhando mais sobre transgêneros.

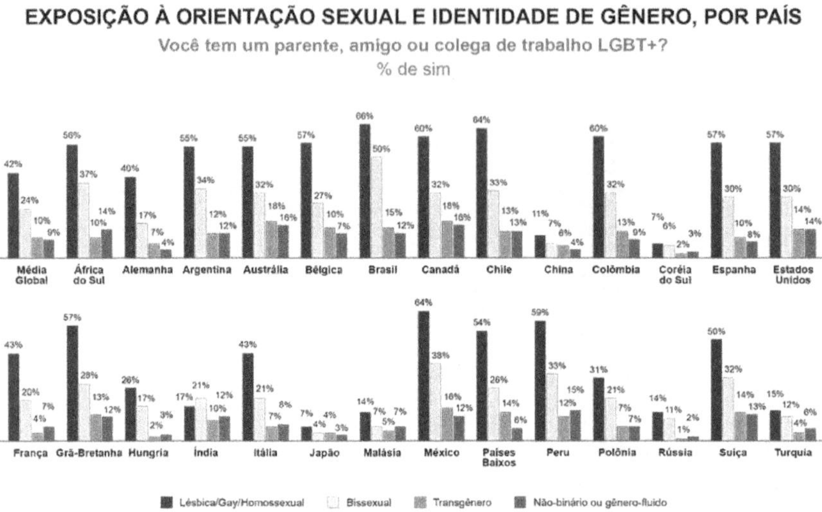

Figura 72. Gráfico da exposição às orientações sexuais e às identidades de gênero, por país. Fonte: elaboração própria a partir de dados IPSOS.

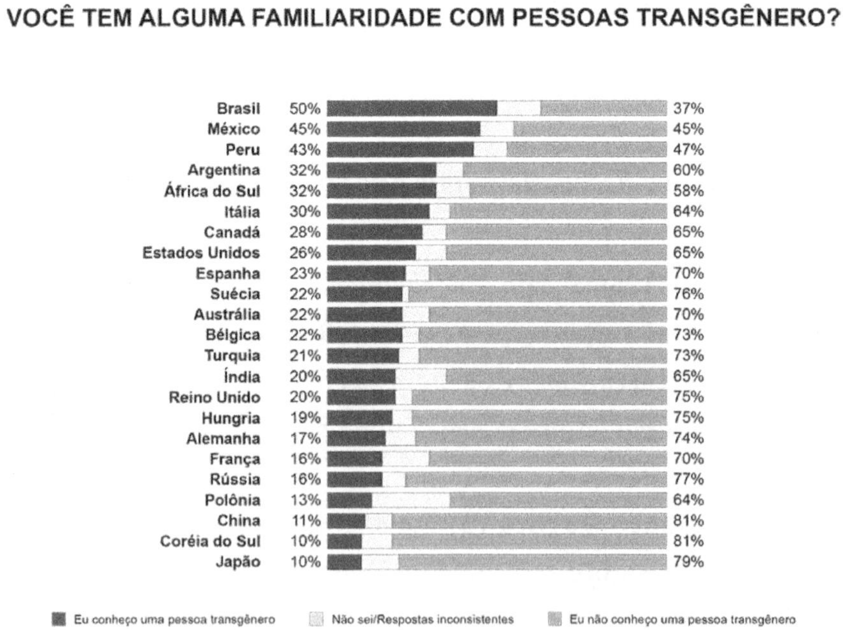

Figura 73. Gráfico das pessoas que têm familiaridade com transgêneros. Fonte: Elaboração própria a partir de dados IPSOS.

Além disso, **o Brasil é também o 3º país do mundo em querer ver mais personagens LGBT na TV, filmes e publicidade.** Eis os dados na **Figura 74.**

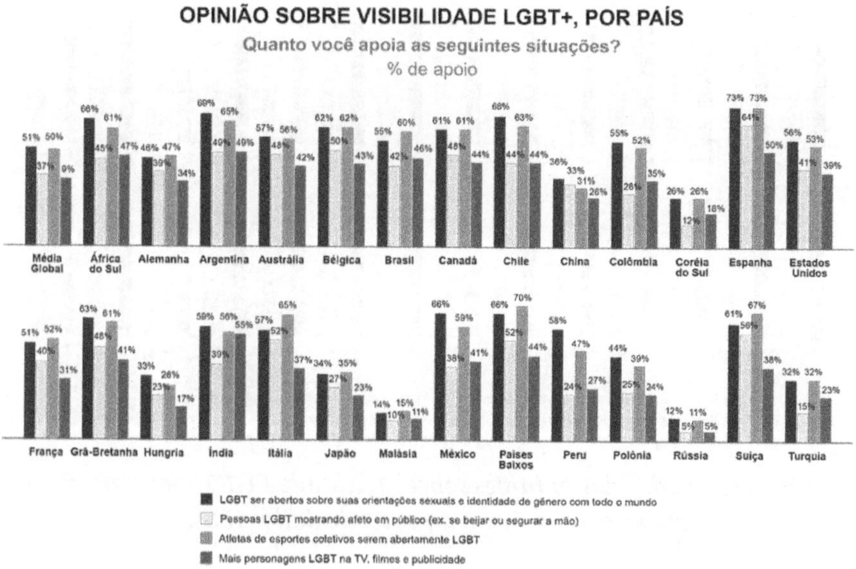

Figura 74. Gráfico da opinião sobre visibilidade LGBT, por país. Fonte: elaboração própria a partir de dados IPSOS.

O primeiro país é a Índia com 55%, segundo a Argentina com 49% e terceiro Brasil com 46%.

Além disso, **o Brasil é o 4º país do mundo que mais concorda com atletas competir baseados no gênero com o qual se identificam,** em lugar do sexo, que foi estabelecido ao nascimento.

O relatório da IPSOS fala "a opinião pública é dividida sobre a ideia de permitir atletas transgênero a competir de acordo com o gênero com o qual se identificam [...]" e "apoiadores superam opositores em Argentina, Chile, Holanda, Brasil e França; opositores superam apoiadores em Coreia do Sul, Polônia, EUA, Hungria e Grã-Bretanha" **(Figura 75)**.

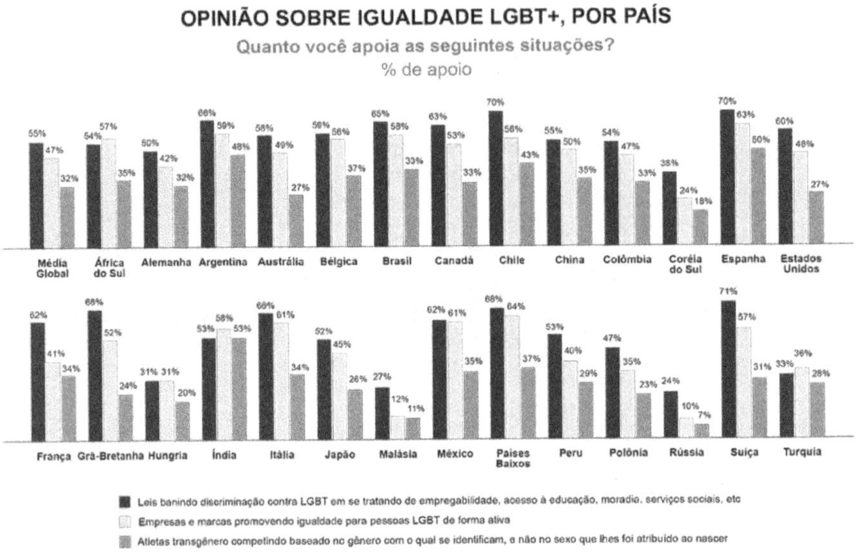

Figura 75. Gráfico das opiniões sobre igualdade LGBT, por país. Fonte: elaboração própria a partir de dados IPSOS.

Índia 53%, Argentina 48%, Chile 43%, Brasil 40%[18].

4.7 Mortes nas estradas

Muitos reclamam das estradas e do asfalto brasileiro. O número de mortos nas estradas e no trânsito no Brasil é 33.585 e é a 10ª causa de morte depois de várias doenças e homicídios, a 2ª excluindo as doenças, depois dos assassinatos. Há algumas pesquisas e rankings sobre a qualidade do asfalto em vários países, mas nada de muito confiável. A **média de mortos nas estradas a cada 100.000 habitantes** no mundo é 15 (África, Oriente Médio e Sul este asiático baixam muito a média), nas Américas é 14.1, **no Brasil é 15.7**[19]**. (Figura 76)**

Figura 76. Mapa com o índice de mortalidade nas estradas. Fonte: World Health Organization, 2024.

O Brasil fica na 67ª posição mundial e **na 5ª posição na América do Sul** (atrás de Equador, Paraguai, Bolívia e Colômbia)[20].

4.8 Um dos países mais protecionistas do mundo.

O Brasil é uma das economias mais fechadas do planeta, de longe. E isso não é opinião, é fato objetivo. Existem vários rankings, métricas e indicadores internacionais que o demonstram.

Existem diferentes métodos científicos para medir o nível de protecionismo / abertura comercial de um país. Eis uma tabela, na **Figura 77**, que mostra alguns desses critérios diferentes:

PROTECIONISMO POR DIFERENTES MÉTRICAS

RANKING	PAÍSES MAIS PROTECIONISTAS POR MEDIDAS DISCRIMINATÓRIAS IMPOSTAS	PAÍSES MAIS PROTECIONISTAS POR NÚMERO DE CATEGORIAS DE PRODUTOS AFETADOS POR MEDIDAS DISCRIMINATÓRIAS	PAÍSES MAIS PROTECIONISTAS POR NÚMERO DE CATEGORIAS DE PRODUTOS AFETADOS POR MEDIDAS DISCRIMINATÓRIAS	PAÍSES MAIS PROTECIONISTAS POR NÚMERO DE PARCEIROS COMERCIAIS AFETADOS POR MEDIDAS DISCRIMINATÓRIAS
1	**União Européia** (242)	**Vietnã** (927)	**Algéria** (62)	**China** (195)
2	**Rússia** (112)	**Venezuela** (789)	**União Européia** (58)	**União Européia** (181)
3	**Argentina** (111)	**Casaquistão** (729)	**China** (47)	**Argentina** (175)
4	**Reino Unido** (59)	**China** (698)	**Nigéria** (45)	**Alemanha** (161)
5	**Alemanha** (58)	**Nigéria** (599)	**Casaquistão** (43)	**Índia** (154)
6	**Índia** (56)	**União Européia** (550)	**Alemanha** (42)	**Reino Unido** (154)
7	**China** (55)	**Algéria** (476)	**EUA** (42)	**Bélgica** (153)
8	**França** (51)	**Rússia** (439)	**Gana** (41)	**Finlândia** (153)
9	**Brasil** (49)	**Argentina** (429)	**Indonésia** (40)	**Indonésia** (151)
10	**Itália** (47)	**Indonésia** (388)	**Rússia** (40)	**França** (150)

Figura 77. Tabela das métricas de protecionismo. Fonte: Elaboração própria a partir de dados de EVENETT S. 2011.

Número de medidas protetivas; número de setores afetados; número de parceiros comerciais afetados; tarifa média; tarifa média ponderada; corrente de comércio, etc. Cada uma dessas medidas se utiliza para um fim diferente.

Olhando o número de setores afetados, você pode ver, por exemplo, quais os setores mais protegidos da concorrência internacional; olhando o número de novas medidas protecionistas, se nota, por exemplo, quanto um específico governo foi protecionista. Em 2013, por exemplo, em 407 medidas protecionistas no mundo inteiro, 39 foram do Brasil (a maior parcela).

A tarifa média e a tarifa média (de importação) ponderada brasileira são e sempre foram entre as mais altas do mundo. Eis alguns gráficos:

Figura 78. Tabela da tarifa média ponderada das maiores economias do mundo. Fonte: Elaboração própria a partir de dados de HUANG Z. & LARDY N. 2017.

Vejam a tarifa média. **(Figura 79)**

E observem a tarifa média ponderada por todos os produtos. Observem os países mais escuros. **(Figura 80)**

Para ter uma melhor ideia, vamos observar agora a tarifa média em vários países. **(Figura 81)**

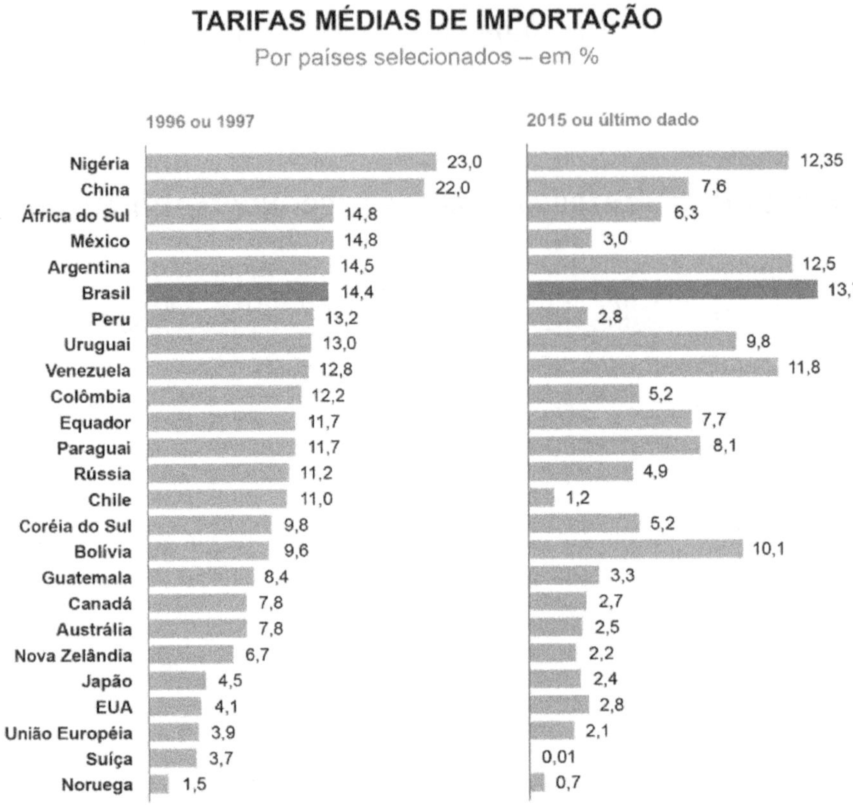

Figura 79. Tabela da tarifa média em países selecionados. Fonte: Elaboração própria a partir de dados de WATANABE M., 2017.

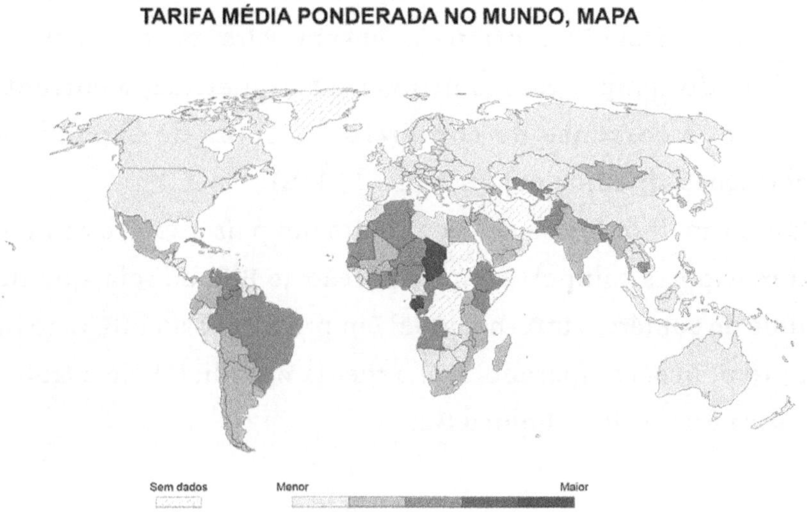

Figura 80. Mapa da tarifa média ponderada para todos os produtos. Fonte: Elaboração própria a partir de dados do Pew Research Center e World Development Indicators.

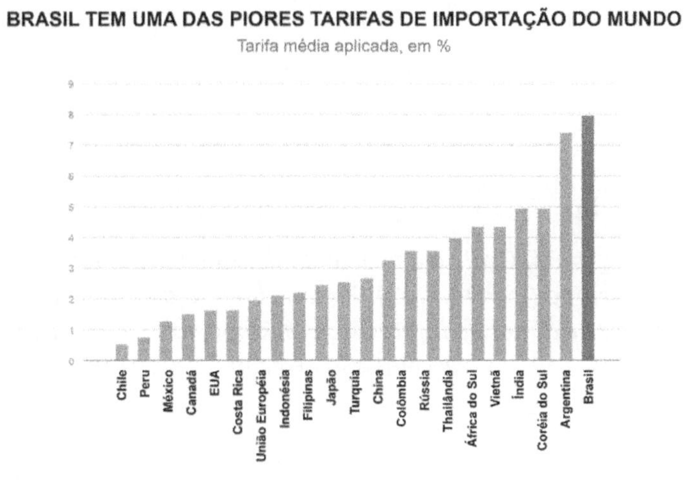

Figura 81. Gráfico da tarifa média, países selecionados. Fonte: Elaboração própria a partir de dados de Rold Integrated Trade Solutions, 2018.

Esses dados mudaram ao longo do tempo, é claro, mas mais ou menos a situação continua a mesma. Para mostrar a evolução ao longo do tempo, vamos utilizar outra métrica, a corrente de comércio. A **corrente de comércio** é a soma de exportações e importações, dividida pelo PIB (E + I / PIB).

Essa é a melhor forma de ver, quanto um país é aberto ao mostrar quanto exporta e importa em proporção ao PIB, ou seja, quanto é o volume de comércio internacional em proporção ao PIB. E no Brasil é muito pouco, comparado com a média mundial. Veja a trajetória histórica do Brasil na **Figura 82**:

Figura 82. Gráfico da corrente de comércio ao longo do tempo (1990–2022). Fonte: elaboração própria a partir de dados de importações e exportações secretaria de comercio exterior.

O gráfico mostra que nos anos 90, como é sabido, teve uma abertura econômica, mas muito leve e após uma queda teve outro aumento até 2004, quando começou uma estagnação da abertura comercial até 2018, quando houve uma abertura exponencial.

É fundamental se comparar com outros países e com a média mundial. Veja, por exemplo, esses dados sobre a corrente de comercio de China, Brasil, Coreia e a média mundial[21]:

1960

- Coreia do Sul, 9,5%.
- China, 8,7%.
- Brasil, 18%.
- Mundo, 17,5%.

1980

- Coreia do Sul, 61,2%.
- China, 19,9%.
- Brasil, 19,2%.
- Mundo, 34,9%.

2010

- Coreia do Sul, 82,5%.
- China, 48,7%.
- Brasil, 17,8%.
- Mundo, 47,7%.

2017

- Brasil, 18,38%.
- Mundo, 51,9%.

Ou seja, o Brasil tem uma economia fechada e, ao longo do tempo, ficou para trás.

E dessa forma, chegamos aos dias atuais. Atualmente, no Ranking de abertura comercial do Banco Mundial, **o Brasil está na posição 165º entre 167 países, ou seja, a 3ª economia mais fechada do planeta.**

Você podia não saber de tudo isso e desses dados macroeconômicos, mas você tem experiencia disso, na prática, você vive isso diariamente, quando você reclama falando que "**aqui tudo é caro**", quando quem tem a sorte de poder viajar para o exterior nota que **lá fora "tudo é mais barato**", compram e trazem mercadoria... é isso. É protecionismo!

O Instituto Livres fez alguns cálculos do preço no Brasil e no exterior de alguns produtos específicos.

Veja alguns casos específicos e anedóticos, mas que dão a ideia da situação na **Figura 83**.

COMO AS TAXAS DE IMPORTAÇÃO AFETAM OS PREÇOS

	Filmadora Sony FX6	Microfone Sennheiser MKE 600	Computador para edição iMac 24"
VALOR APÓS TAXAS EM REAIS	R$ 49.499,00	R$ 3.095,00	R$ 13.319,00
VALOR ORIGINAL EM DÓLARES	R$ 30.599,95 US$ 5.999,99	R$ 1.682,75 US$ 329,95	R$ 6.624,90 US$ 1.299,00

Figura 83. Gráfico dos impostos de importação sobre produtos selecionados. Fonte: Elaboração própria a partir de dados do Instituto Livres.

Esses são só casos específicos, mas tem muito mais, é um fenômeno geral e generalizado.

Quando há pouca concorrência, há oligopólios ou até monopólios e as empresas podem então vender produtos mais caros e de pior qualidade. Simples.

No exterior, as empresas não cobram menos (e produzem com mais qualidade) porque são boazinhas, mas porque há mais concorrência, sendo forçadas a fazer assim.

O que é preciso entender é que preços mais altos, margem de lucro maior, qualidade pior são consequências diretas, claras e intencionais do protecionismo. Se protegem as empresas exatamente elas ganharem mais.

Funciona assim: as empresas fazem pressão (lobismo) no governo para limitar a concorrência, para ganhar mais, o estado fecha a economia, coloca tarifas de importação (altas), as empresas estrangeiras que querem vender aqui têm que pagar esses impostos a mais, e desse modo o produto deles fica mais caro, portanto, os consumidores tendem a comprar mais produtos nacionais (por ser mais baratos, mesmo se piores). Daqui o chamado "lucro Brasil". **O "Lucro Brasil" vem do "Custo Brasil"**. Há um custo de entrada maior, o que faz com que tenha pouca concorrência e, portanto, as empresas conseguem lucrar mais. Não tem nada de cultural, nada de querer tirar vantagem, nada de falta de ética, nada de jeitinho etc.

Os produtos são mais caros porque as empresas são mais protegidas, alguns setores mais e outros menos. Vamos ver exatamente quais e quantos na **Figura 84**.

E vamos ver uma comparação internacional na **Figura 85**.

Figura 84. Gráfico dos setores mais protegidos. Fonte: Elaboração própria a partir de dados de IPEA.

Figura 85. Gráfico das indústrias mais protegidas do G20. Fonte: Elaboração própria a partir de dados do Banco Mundial.

A indústria brasileira é a mais protegida do G20.

E de toda a indústria, o setor automotivo é um dos mais fechados e protegidos. E note que, nesse caso, não se trata nem de indústria brasileira (pois não há carros brasileiros, há só montadoras estrangeiras) e nem de "indústria estratégica" se trata. Veja alguns dados na **Figura 86**:

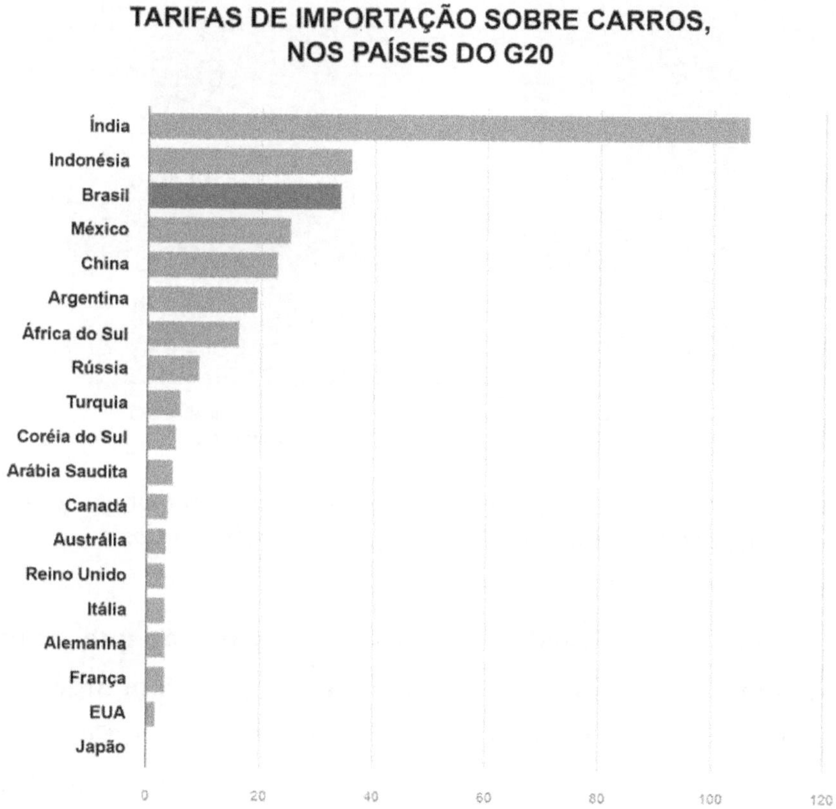

Figura 86. Gráfico da tarifa nominal de importação sobre carros, países do G20. Fonte: Elaboração própria a partir de dados de World Integrated Trade Solutions.

Não por acaso, os carros no Brasil são caros e de baixa qualidade e ainda, em pleno 2025, são um bem de luxo e um *status simbol.* **(Figura 87)**

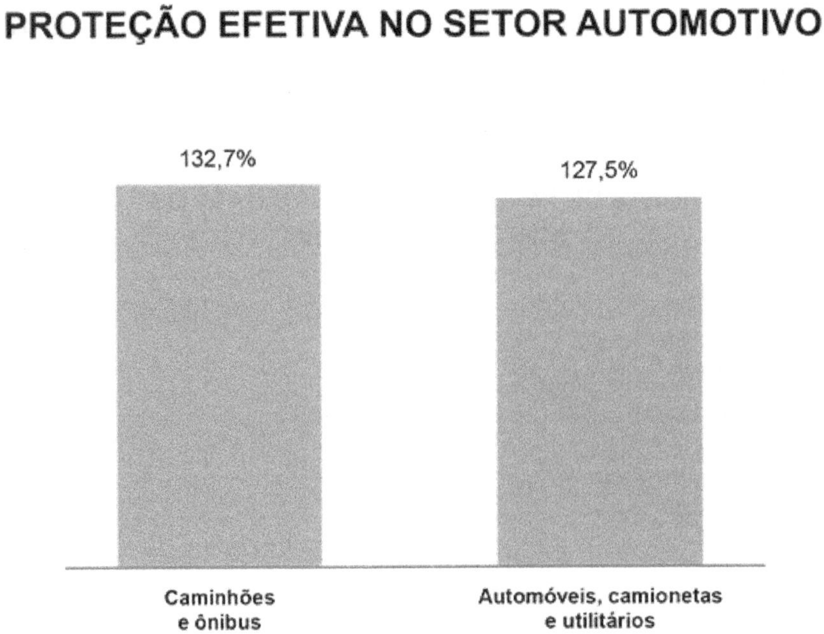

Figura 87. Gráfico da proteção efetiva automóveis. Fonte: elaboração própria a partir de dados de World Integrated Trade Solutions.

Ao ponto que **o Brasil é um dos poucos países que proíbe totalmente a importação de carros usados**, junto com Argentina, Chile, China, Índia, Turquia, África do Sul, Venezuela, Colômbia, Equador, Egito, Sudão, Argélia, Marrocos, Japão, Indonésia, etc. Eis o mapa na **Figura 88**:

Figura 88. Mapa dos países onde é proibido importar carros. Fonte: Elaboração própria a partir de Car Used e Car Deal Page.

Ou seja, o Brasil é uma das economias mais fechadas do mundo. Afinal, se não chegam produtos e serviços, não chegam nem as ideias.

4.9 Homicídios, idade penal, homicídios de policiais e prisão perpetua

As Américas e especialmente a América do Sul e a América Central são, quase desde sempre, as regiões mais violentas do mundo. E o Brasil se enquadra nesse contexto. Vamos ver alguns dados.

Para violência e criminalidade, na literatura científica se mede o número de homicídios por 100.000 habitantes. A taxa de homicídios no Brasil é de 27,38 a cada 100.000 habitantes, é **a 16ª maior taxa de homicídios do mundo**. Eis o ranking na **Figura 89**:

Figura 89. Gráfico da taxa de homicídio por 100.000 habitantes, por país. Fonte: Statista.

Os países mais violentos do mundo estão todos na América Latina e na África.

Existem diferentes organizações internacionais que medem o número de homicídios e, por terem metodologias levemente diferentes, os dados variam levemente, mas a ideia geral é sempre a mesma. Eis alguns dados na **Figura 90**.

Figura 90. Mapa da taxa de homicídio no mundo. Taxa de homicídio. Fonte: UNODC, The Independent, Statista.

Eis outros na **Figura 91**.

Figura 91. Mapa da taxa de homicídio no mundo. Fonte: Wise Voter.

Eis as cidades mais violentas do mundo na **Figura 92**.

AS CIDADES MAIS PERIGOSAS DO MUNDO

Calculado pela taxa de homicídios a cada 100.000 habitantes

PAÍS	CIDADE	TAXA	PAÍS	CIDADE	TAXA
MEX	Tijuana	138,00	BRA	Maceió	51,46
MEX	Acapulco	110,50	BRA	Vitória da Conquista	50,75
VEN	Caracas	99,98	EUA	Baltimore	50,52
MEX	Ciudad Victoria	86,01	SLV	San Salvador	50,32
MEX	Ciudad Juarez	85,56	BRA	Aracaju	48,77
MEX	Irapuato	81,44	MEX	Coatzacoalcos	48,35
VEN	Ciudad Guayana	78,30	COL	Palmira	47,97
BRA	Natal	74,67	VEN	Maturin	47,24
BRA	Fortaleza	69,15	BRA	Salvador	47,23
ZAF	Cidade do Cabo	66,36	BRA	Macapá	47,20
BRA	Belém	65,31	COL	Cali	47,03
MEX	Cancun	64,47	MEX	Celaya	46,99
BRA	Feira de Santana	63,29	HND	San Pedro Sula	46,67
EUA	St. Louis	60,59	MEX	Ensenada	46,60
MEX	Culiacan	60,52	BRA	Campos dos Goytacazes	46,28
VEN	Ciudad Bolivar	60,09	MEX	Tepic	44,89
VEN	Barquisimento	56,67	BRA	Manaus	44,00
MEX	Uruapan	54,52	MEX	Cidade da Guatemala	43,73
JAM	Kingston	54,12	BRA	Recife	43,72
MEX	Ciudad Obregon	52,09	HND	Tegucigalpa	43,30

Figura 92. Ranking das idades mais violentas do mundo. Fonte: Statista.

Todas nas Américas, todas na América Central e do Sul, exceto 3 (nos EUA); 11 cidades brasileiras. O México tem 5 das primeiras 6 cidades mais perigosas do mundo.

Os dados convergem. O Brasil é um dos países com mais homicídios, mais violentos e mais perigosos do mundo. Eis alguns dados que comparam o Brasil aos países da região na **Figura 93**.

Figura 93. Ranking dos homicídios nas cidades da América do Sul. Fonte: UNODC, Internacional Homicide Statistics.

É importante notar que, inclusive, historicamente a situação foi até pior, pois recentemente os homicídios no Brasil diminuíram. Eis alguns dados na **Figura 94**.

Ou seja, já esteve até pior. E o pior é que muitos desses homicídios são irresolvidos. Sabe **quantos homicídios descobre o autor**? Atenção, não estamos falando de quantos homicidas são efetivamente presos, qual a pena e quantos cumprem a pena toda, estamos falando só de quantos se descobre o autor (que pode ser preso ou não, cumprir a pena toda ou não). Resposta: **37%**! Leu bem, 37%. A média das Américas é de 43%, da Ásia 72%, da Europa 92% e **a média mundial é de 63%.** Em 2018, a taxa brasileira era 44% e, em 2019, foi 37%. Conseguiu piorar! Internamente, os melhores estados foram Rondônia (90%), Mato Grosso do Sul (86%), Santa Catarina (78%). Os piores foram Rio de Janeiro (16%), Amapá (19%), Bahia, Pará e Piauí (24%).

Figura 94. Gráfico da tendência histórica dos homicídios no Brasil. Fonte: G1.

Ou seja, dos 41.635 homicídios (de 2020), se descobriu o autor só em 15.305 casos, dos outros 26.330 homicídios, não sabemos quem foi o executor. Ou seja, para o assassino é uma aposta, uma roleta russa com muitas chances de não ser pego[22].

Recortando a questão dos homicídios para homicídios cometidos por policiais, **alguns falam que "a polícia brasileira seria uma das que mais mata no mundo"**[23]. Vamos ver os dados na **Figura 95**, entender se é verdade.

OS DEZ PAÍSES COM MAIOR TAXA DE LETALIDADE DA POLÍCIA

Calculado a cada 10 milhões de habitantes

POSIÇÃO	PAÍS	TAXA
1º	Venezuela	1.828,9
2º	El Salvador	1.703,8
3º	Síria	819
4º	Filipinas	556,5
5º	Nicarágua	522,7
6º	Jamaica	472,7
7º	Trinidad e Tobago	339,7
8º	Brasil	276,2
9º	Bahamas	275,7
10º	São Vicente e Granadinas	181,8

Figura 95. Ranking dos países onde a polícia mais mata. Fonte: World Population Review.

Os dados mostram que o Brasil tem **a 8ª polícia do mundo que mais mata (per capita)[24].**

Ao mesmo tempo, **alguns afirmam que a polícia brasileira também é uma das que mais morre no mundo**[25].

O problema é que, nesse caso, não há rankings internacionais e coleta de dados mundiais. Há apenas alguns estudos que analisam algumas situações pontuais e a maioria sem dados. Vamos ver.

"É imprescindível falar que falecem em torno de 500 policiais por ano no Brasil, este número é chocante ao ser comparado com os Estados Unidos, país esse que tem um alto número de gangues perigosas, terrorismo e liberdade para compras de armas de fogo em "lojinhas". O número chega, em média, a 70 policiais mortos por ano"[26].

O Instituto Monte Castelo afirma: "*O Reino Unido passou o ano todo de 2022 sem que um policial sequer fosse assassinado. No Chile, foram três*

— o que já representou o maior número em duas décadas. No Canadá, a morte de cinco policiais de janeiro a outubro também foi tida como razão para preocupação. No Brasil, a realidade foi bem diferente. Em 2022, houve um aumento no número de policiais da ativa assassinados no Brasil. Durante o ano, 142 agentes de segurança foram mortos: 119 policiais militares, 19 policiais civis, três policiais rodoviários federais e um policial federal. O número representa um aumento de 4,4% em relação ao ano anterior, quando foram registradas 136 mortes de policiais"[27].

Já explicamos nesse livro por que faz pouco sentido comparar países de renda média com países ricos.

Sobre maioridade penal, temos outra jabuticaba.

Só Brasil, Peru e Uruguai, no mundo todo, têm idade penal de 18 anos. Enésima jabuticaba. E jabuticaba que ninguém sabe que é tal.

Mas como é no resto do mundo? Eis os dados e os mapas:

Figura 96. Mapa da idade penal ao redor do mundo. Fonte: CRIN, Child Rights International Network.

Ou seja, a norma é idade penal entre 12 e 16 anos, com algumas exceções para menos (Índia, Austrália, México, EUA, Nova Zelândia, África do Sul, etc.) e poucas exceções para mais (Brasil, Peru, Uruguai, etc.).

Eis agora um enfoque mais detalhado sobre a idade penal na Europa. **(Figura 97)**

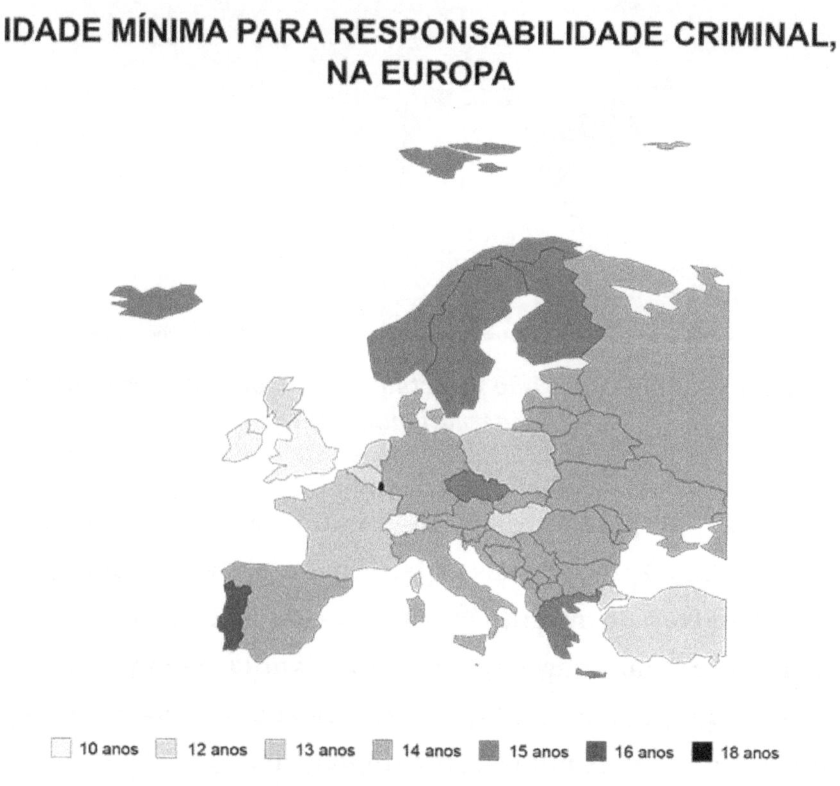

Figura 97. Mapa da idade da responsabilidade criminal na Europa. Fonte: The Economist, 2017.

Ou seja, a norma na Europa é idade penal de 14 anos, com algumas exceções para mais (Escandinávia, Portugal, Grécia, etc.) e poucas para menos (França, Grã-Bretanha, Polônia, Suíça, Bélgica, Holanda, etc.).

Outra questão interessante é aquela da **prisão perpétua**.

Vamos começar, como sempre, dos dados internacionais. **(Figura 98)**

Figura 98. Mapa da prisão perpétua no mundo. Fonte: Penal Reform International, 2018.

A prisão perpétua existe no mundo todo, com exceção de poucos países. Para ser mais específicos, **a prisão perpétua existe em 183 países do mundo[28], as exceções são: Brasil, Croácia, Macau, Noruega, Uruguai, Portugal, Islândia, Mongólia, Angola, Moçambique, Colômbia, Equador, Venezuela, Panamá, Uruguai, Bolívia, Paraguai, Honduras, Nicarágua, etc.**

O continente com mais países sem prisão perpétua é a América Latina.

4.10 Pior status dos professores

O status social dos professores, no Brasil, é o mais baixo do mundo. Pelo menos entre 35 países pesquisados pela *Varkey Foundation* em 2018. 88% dos brasileiros enxergam os professores como de baixo status social, atrás só de Israel, onde o dado é de 90%. **(Figura 99)**

Figura 99. Ranking do status dos professores em países selecionados. Fonte: G1, 2018.

Os brasileiros dão uma nota de 4,2 (em 10) ao próprio sistema de ensino. Nesse quesito, só o Egito performa pior com 3,8. Outros países da América Latina performam da seguinte maneira: Argentina 5,4; Chile 5,2; Colômbia 5,3; Panamá 4,8; Peru 4,4. **(Figura 100)**

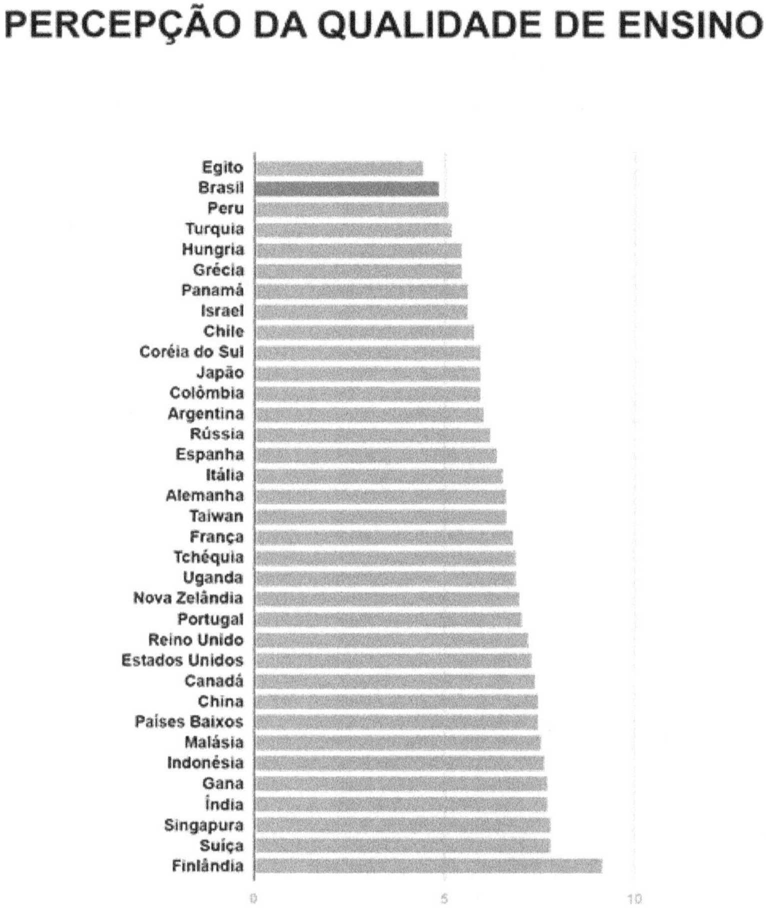

Figura 100. Ranking da percepção de qualidade do próprio sistema escolástico, por país. Fonte: IPSOS, 2023.

Só 9% dos brasileiros pensam que os alunos respeitam os professores, pior dado entre todos os países pesquisados. Em 2013, também o Brasil figurava na última posição nessa categoria.

Os professores trabalham mais do que as pessoas pensam. A opinião pública pensa que trabalham 39,2 horas por semana, enquanto, na verdade, trabalham 47,7 horas por semana. Esse é um fenômeno comum na Região. Na Argentina, as pessoas acham que os professores trabalham 31,2 horas enquanto trabalham 43,7; no Chile, 43,1 contra 51,3; na Colômbia 36,2 contra 44; em Panamá 29,6 contra 41; no Peru, 32,1 contra 45.1. **(Figura 101)**

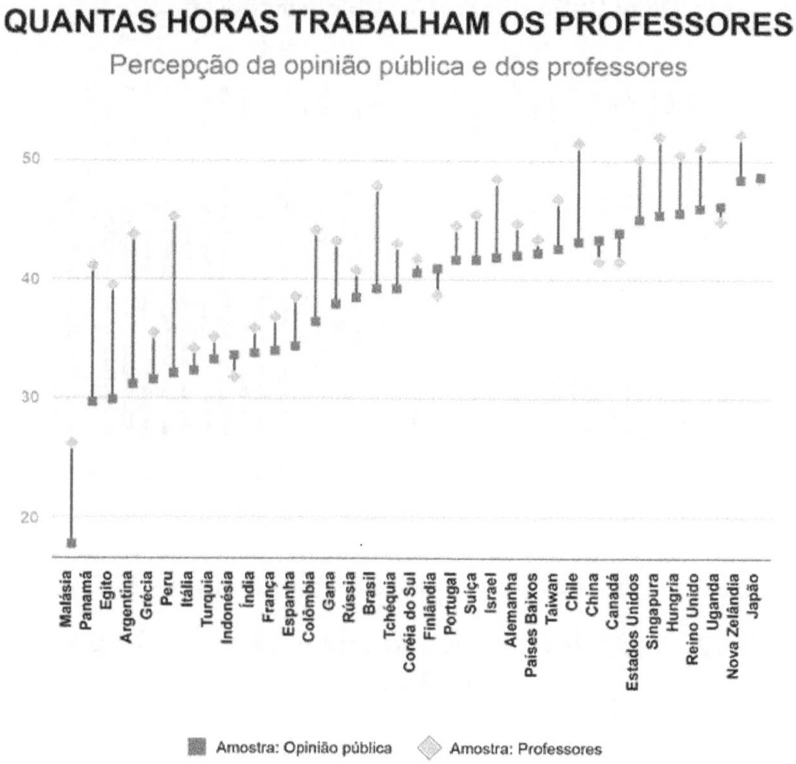

Figura 101. Gráfico da percepção de quantas horas trabalham os professores. Fonte: IPSOS, 2023.

É a sexta maior diferença do mundo.

Os brasileiros também acham que os professores ganham mais do que de fato ganham, USD 15.000 por ano contra USD 13.000. E, ao mesmo tempo, as pessoas acham que isso não é justo, que um salário ideal seria cerca de USD 20.000.

Quando se pesquisa se as pessoas encorajariam seus filhos a virarem professores, também se descobrem dados interessantes. Vamos analisar a **Figura 102**.

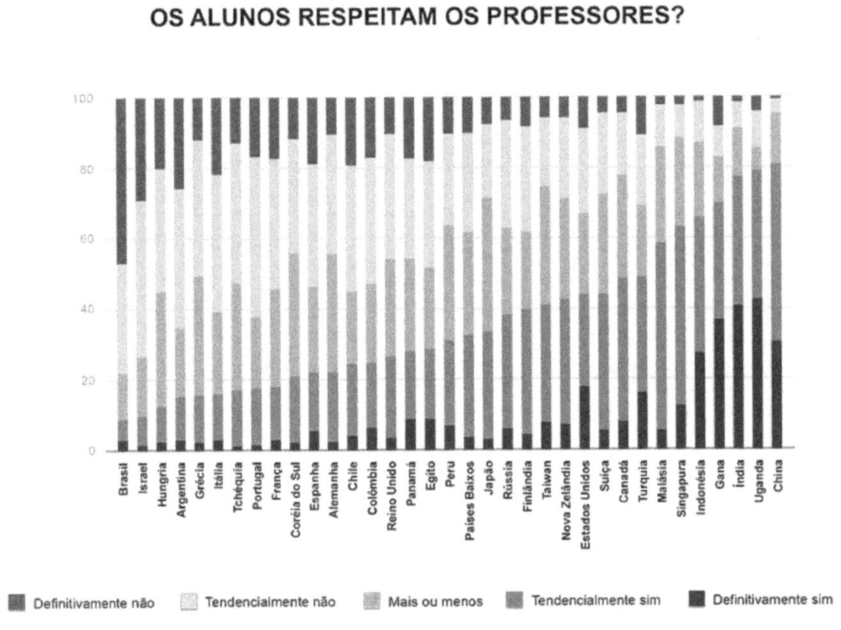

Figura 102. Gráfico de quanto os alunos respeitam os professores. Fonte: IPSOS, 2023.

Se nota que **o Brasil é o país onde as pessoas mais desencorajam os filhos a seguir essa profissão** (coluna cinza escura e a soma dessa com a coluna cinza clara) **e também o país que menos encoraja** (soma da coluna azul e verde). Considerando só a coluna azul, o Brasil está na 7º posição (melhor que Israel, Grécia, Portugal, Alemanha, Coreia, Tchéquia, etc.).

Para concluir, é interessante notar que, em 2013 (na edição precedente da pesquisa), o Brasil estava na penúltima posição atrás de Israel e, em 2018, o superou. **(Figura 103)**

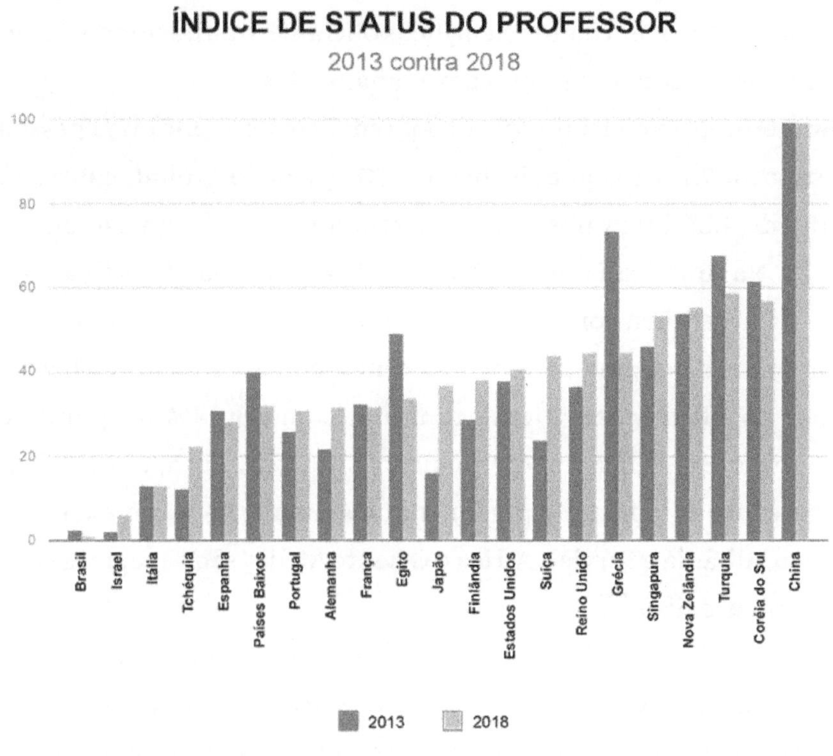

Figura 103. Gráfico do status dos professores, comparação 2013–2018. Fonte: IPSOS, 2023.

Vamos ver como será na próxima edição.

4.11 Problemas com álcool

Você já parou para pensar se no Brasil se bebe muito ou pouco? Em comparações internacionais, claro, não com base em ideias da própria cabeça! Sim, existem dados científicos oficiais e internacionais. Há uma série de dados interessantes, vamos analisá-los.

Em termos de consumo de álcool (em litros por ano) por pessoa, o Brasil, com 7,7 litros anuais, fica na **60ª posição global**, contra uma média de 4,35 litros nos países de renda média alta (a categoria do Brasil). Na América Latina e Caribe, o Brasil fica na **2ª posição** geral, atrás da Argentina, contra uma média de 5,82 litros na Região[29].

Os dados mostram também a porcentagem de pessoas que beberam álcool no último ano. Nesse ranking, com 58,04% da população (adulta), o Brasil fica na **58ª posição mundial.** Europa, América do Norte e Oceania ficam (quase) todos acima 70% (com exceção de México, Albânia e Servia). África e Oriente Médio são as regiões com os dados mais baixos[30].

Ou seja, visto que há bastante gente (42%) que não bebe, se você pensar que esse consumo de álcool (7,7 litros anuais) é feito só por algumas pessoas, o consumo dessas pessoas é bem maior do que parece.

A *IHME Global Burden Disease* e a *Our World in Data* pesquisam, arquivam e divulgam dados sobre a **porcentagem de pessoas que têm desordens (problemas) ligados ao álcool**, por país. Por "desordens", entendem a presença de 3 ou mais fatores de dependência por pelo menos um mês no último ano pesquisado.

Nesse sentido, o Brasil, em termos mundiais, está na **21ª posição global (junto com outros países).**

Eis os primeiros *(Fonte: Our World in data)*: 1) Mongólia, 4,8. 2) Belarus, 4,5%. 3) Rússia, 4,4%. 4) Cazaquistão, 4,1%. 5) Groenlândia,

4%. 6) Polônia, 3,9. 7) El Salvador, 3,9. 8) Guatemala, 3,8%. 9) Nova Zelândia, 3,6%. 10) Eslovênia, 3,6. 11) Ucrânia, 3,6. 12) Letônia, 3,4. 13) Dinamarca, 3,4. 14) Portugal, 3,3. 15) Irlanda, 3,2. 16) Lituânia, 3,1. 17) Quirguistão, 3,1. 18) Áustria, 3,1. 19) Coreia do Sul, 3%. 20) Croácia, 3%. 21) Brasil, Turcomenistão, Paraguai, Tchéquia, Hungria, Luxemburgo, Estônia, Chile, Eslováquia, 2,9%.

Quando você analisa só o grupo de renda média alta, o Brasil fica na **9ª posição** (junto com o Paraguai) *(Fonte: Our World in data):* 1) Mongólia, 4,8. 2) Belarus, 4,5%. 3) Cazaquistão, 4,1%. 4) El Salvador, 3,9. 5) Guatemala, 3,8%. 6) Ucrânia, 3,6. 7) Moldova, 3,1. 8) Turcomenistão, 2,9%. 9) Brasil e Paraguai, 2,9%.

Quando você analisa só a América do Sul, a situação é essa *(Fonte: Our World in Data)*: 1) Brasil, Paraguai e Chile, 2,9%. 2) Colômbia, 2,4. 3) Argentina, 2,1. 4) Guiana, 2%. 5) Suriname, 1,8%. 6) Venezuela, 1,7. 7) Uruguai, 1,7. 8) Bolívia, 1,4. 9) Equador, 1,2%. 10) Peru, 1,1%.

Ou seja, na América Latina, o Brasil está na primeira posição junto com Paraguai e Chile. Aqui acontece a mesma coisa. Visto que há muita gente (42%) que não bebe, o número e a porcentagem de pessoas (entre as que bebem) que têm desordens ligadas ao álcool é bastante alto.

4.12 Menores de idade que votam e voto obrigatório

Geralmente, no mundo inteiro, a idade legal para votar é 18 anos. No Brasil, o voto é obrigatório (dos 18 aos 70 anos), mas se abre também a faculdade de votar para menores de idade. Essa é (quase) uma jabuticaba! **(Figura 104)**

Figura 104. Mapa da idade mínima para votar, no mundo. Fonte: SERRANO B., CODEPEN.

É permitido votar **com 16 anos** só em 9 países: Argentina, Brasil, Equador, Cuba (mas note que Cuba é uma ditadura e o voto é uma mera farsa), Nicarágua, Áustria, Escócia. Ilha de Man (uma ilha entre a Inglaterra e a Irlanda que faz parte da Coroa Britânica), Guernsey (Um pequeno arquipélago no Canal da Mancha que faz parte da Coroa Britânica).

No Brasil, é assim desde a Constituição de 1988. A Áustria reduziu para 16 a idade legal para o voto em 2011.

Além disso, em 6 países, se pode votar **com 17 anos**: Sudão, Sudão do Sul, Indonésia, Coreia do Norte (mas note que a Coreia do Norte é uma ditadura e o voto é uma mera farsa), Grécia, Timor-Leste.

Na Indonésia, a idade para o voto ativo é 17, mas há a seguinte peculiaridade: pessoas casadas votam independentemente da idade (ou seja, pode ser até antes dos 17 anos). Outros países colocam como idade mínima **19 anos ou mais,** Coreia do Sul (19 anos); Taiwan (20 anos); Singapura, Malásia, Kuwait, Camarões (21 anos), etc.

Os Emirados Árabes Unidos têm a idade legal maior do mundo, **25 anos.** Na Itália, para votar para a Câmara bastava ter 18 anos, mas para o Senado precisava de 25 anos. Em 2021, teve uma reforma e a idade caiu para 18 para ambas as Câmaras[31].

Além disso, para maiores de idade, **o voto no Brasil é obrigatório** (e volta a ser facultativo após os 70 anos). Essa não é exatamente uma jabuticaba, mas são **só 27 países, com o voto obrigatório**, países como Argentina, México, Austrália, Peru, Uruguai, Paraguai, Bolívia, Egito, Turquia, Áustria, Bélgica, Bulgária, Chile, Congo, Costa Rica, Chipre, República Dominicana, Equador, Gabão, Grécia, etc. Veja o mapa na **Figura 105.**

Figura 105. Mapa dos países com voto obrigatório. Fonte: International Institute for Democracy and Electoral Aliance.

O Brasil é um dos 27 países nos quais o voto é obrigatório. Lembrando que existem também países onde o voto é proibido, ou seja, não há eleições populares, ou seja, são ditaduras (como a China) e também países onde as eleições são uma farsa e não são eleições livres, justas e limpas (como Cuba, Venezuela, etc.).

Alguns falam "**é obrigatório mas não tem sanção**". Mas não é verdade que não há sanção". O *Institute for democracy and electoral assistance* mostra que existem 5 tipos de sanções possíveis:

1. Explicação.

2. Multa.

3. Prisão.

4. Redução dos limites civis. Impossibilidade de tirar passaporte, carteira de motorista, receber salário do banco, prestar concurso público, etc.

5. Outros. Na Bélgica, por exemplo, pode ser difícil achar emprego no setor público.

Dessas 5 possíveis penalidades, o Brasil aplica três (1, 2 e 4), considere não haver registro de prisões em nenhum país (apesar da previsão legal da prisão)[32]. Ou seja, é obrigatório, é aplicado e tem sanção.

Vale lembrar que o voto obrigatório é uma forma de financiamento público indireto e oculto, pois retira dos partidos o custo de mobilizar os votantes e levar as pessoas para as urnas. Se o voto não fosse obrigatório, os partidos teriam que gastar mais recursos para convencer as pessoas a votar.

Ou seja, **o Brasil é um dos únicos 7 países do mundo onde menores de idade (entre 16 e 18 anos) podem votar; é um dos 27 países nos quais o voto é obrigatório e a sanção para quem não vota está em linha com outros países nos quais o voto é obrigatório.**

4.13 O 5º país a remover mais conteúdo online

Desde 2011, o Google levanta dados sobre quais os estados que pedem para remover mais conteúdo online.

No começo, o Brasil estava na **1ª posição**. Dessa forma, "*entre janeiro e junho de 2011, foram 224 pedidos para o Google apagar conteúdo. O Google informa os pedidos de remoção por produto e por motivo, e o motivo mais frequente é difamação (45%). Do total de pedidos de remoção, 67% foram cumpridos total ou parcialmente*".

Em 2012, o Brasil foi superado e foi para a **4ª posição,** passando de 224 para 191 pedidos de remoção. "*Desta vez, outros três países realizam mais pedidos de remoção que o Brasil. A Turquia está num distante primeiro lugar, onde solicitou uma grande retirada de conteúdo por supostas críticas ao governo — o Google não atendeu à maior parte dos pedidos. Em segundo lugar estão os EUA, principalmente devido a casos de difamação. E em terceiro lugar vem a Alemanha, onde foi removido conteúdo nazista ou de violência extrema*"[33]. *Nesse ano, o YouTube esteve envolvido em grandes polêmicas judiciais este ano. Em setembro, o diretor-geral do Google Brasil foi detido após a empresa se recusar a remover dois vídeos após ordem judicial*"[34].

Obviamente, esses dados variam cada ano e ao longo do tempo. Em 2020, o Brasil ficou na **5ª posição**. "Segundo o levantamento, foram cerca de 576 pedidos apenas entre janeiro e junho do ano passado, representando um aumento de 54% se compararmos com o que foi visto em 2017. Neste ano, em específico, foram 373 pedidos no total, com 189 referentes à difamação, 124 sobre privacidade e 66 associados à lei eleitoral"[35]. Veja alguns dados de 2020 na **Figura 106**.

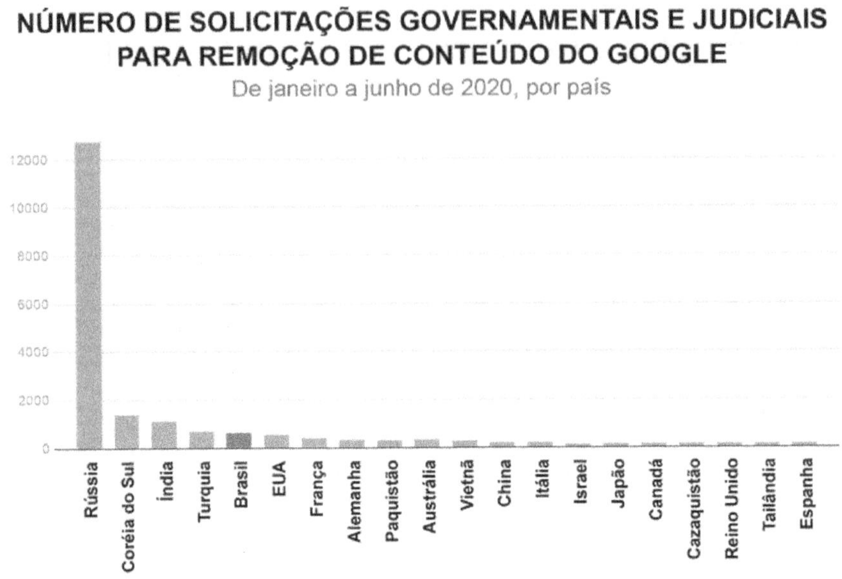

Figura 106. Gráfico do número de solicitações de remoções do Google, por país. Fonte: VIEIRA G. P., 2021.

No último levantamento de **2022, o país continua na 5ª posição,** de solicitações estatais de remoção de conteúdo online. "No 2º semestre de 2022, foram contabilizados 1.591 pedidos recebidos pela empresa. O Brasil só fica atrás no quesito de Rússia (36.137), Coreia do Sul (5.639), Turquia (1.538) e Índia (2.799).

Em 2022, então, tivemos 1591 pedidos contra os 224 de 2012. O Brasil passou da 1ª para a 5ª posição não porque melhorou, mas porque os outros pioraram.

Desde 2011, foram mais de 345 mil pedidos de remoção de conteúdo no país"[36].

É importante notar que esses dados são absolutos. O problema é que não há dados em porcentagem.

4.14 Um dos estados mais digitais do mundo

A ONU mede o nível de digitalização de vários países em diversas dimensões (conectividade, ensino, serviços estatais, etc.), sendo que as três dimensões que compõem o índice geral são serviços online, infraestrutura de telecomunicações e capital humano. No ranking geral (que envolve todas as dimensões), o Brasil está na 49ª posição entre 193 nações, mas na dimensão de **serviços estatais online está na 20ª posição mundial e 2ª das Américas (somente atrás dos EUA).** Uma posição muito alta.

Nesse quesito de serviços estatais online, o país estava em 38º em 2016, e em 2020, chegou à 20ª posição. Em quatro anos, ultrapassou 18 países, entre eles Argentina, Uruguai, Chile, México e até o Canadá.

Além disso, no relatório de 2020, a ONU destacou o avanço do Brasil entre um grupo de 18 países que subiram do nível "alto" para o "muito alto" no índice geral de desenvolvimento de estado eletrônico[37].

A **Figura 107** mostra a ascensão do Brasil até a 20ª posição ao longo dos anos.

No topo temos os países líderes a cada ano (Coreia do Sul, Grã-Bretanha, França, Dinamarca, Dinamarca).

E agora vamos analisar outro ranking, o *GovTech Maturity Index 2020* do Banco Mundial. Veja os dez primeiros países na **Figura 108**.

SERVIÇOS DIGITAIS ESTATAIS, POR PAÍS

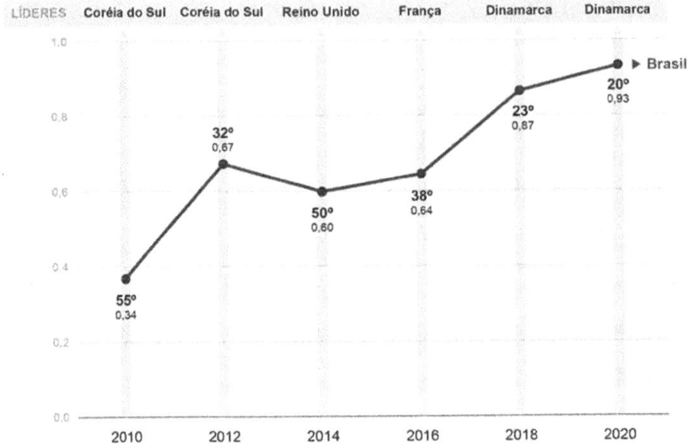

Figura 107. Gráfico da oferta de serviços digitais, países selecionados. Fonte: The United Nations E-Government Survey.

ÍNDICE DE MATURIDADE EM GOVERNO DIGITAL

POSIÇÃO	PAÍS	ÍNDICE
1º	Coréia do Sul	0,98
2º	Estônia	0,97
3º	França	0,95
4º	Dinamarca	0,93
5º	Áustria	0,92
6º	Reino Unido	0,92
7º	Brasil	0,92
8º	Austrália	0,90
9º	Noruega	0,90
10º	Canadá	0,90

Figura 108. Gráfico do índice de maturidade em governo digital. Fonte: Gov.br baseado em dados do World Bank Group.

Entre 198 países, **o Brasil é o 5º do mundo** (em paridade com Reino Unido e Áustria) e o primeiro das Américas (superando até EUA e Canadá), o Brasil é o único país com mais de 100 milhões de habitantes. E se você considerar a renda per capita desses países, o resultado é ainda mais positivo (sim, até a Estônia tem uma renda per capita mais que o dobro da brasileira).

"O Índice de Maturidade GovTech do Banco Mundial avaliou 198 economias globais sob quatro aspectos: suporte aos principais sistemas de governo; aprimoramento da prestação de serviços; integração do engajamento do cidadão; e incentivo às habilidades digitais das pessoas no setor público, ao regime legal e regulatório apropriado, à capacitação e à inovação. O Brasil demonstrou avanços nessas quatro áreas — apenas 43 nações obtiveram desempenho considerado 'muito alto' pelo Banco Mundial. O país superou a média dos chamados 'líderes em GovTech' em todos os itens avaliados"[38].

Tudo isso não é nenhuma surpresa se você pensar na situação dos outros países e se pensar na digitalização de programas como: A Plataforma gov.br (150 milhões de brasileiros com conta); Auxílio Emergencial (serviço disponibilizado digitalmente em poucos dias, durante a pandemia recebeu 96,9 milhões de solicitações no primeiro mês); Meu INSS (Os pedidos por canal digital passaram de 7% para 90%); seguro-desemprego do empregado doméstico (serviço foi transformado em digital em 7 dias); Carteiras de Trabalho Digital (500 milhões de acessos em 2 anos); PIX (a população adulta bancarizada brasileira passou de 70%, em 2017, para 84%, em 2022).

4.15 Ansiedade, bipolaridade, autismo e TDH. Alguns recordes de problemas psicológicos

Talvez muitos não saibam, mas o Brasil detém alguns recordes sobre questões mentais e problemas psicológicos:

- **O 2º país com mais ansiedade.**
- **O Brasil é também o 2º país onde mais pessoas conhecem amigos ou familiares que tiveram ansiedade ou depressão.**
- **O Brasil é o 3º país do mundo onde mais pessoas acham extremamente importante o estado subsidiar pesquisa sobre ansiedade e depressão.**
- **O 2º país com mais bipolaridade.**
- **O Brasil tem também a 6ª maior taxa de TDH entre pessoas entre 18 e 44 anos.**
- **Além disso, o Brasil é também o 3º país do mundo onde as pessoas se engajam em atividades religiosas e espirituais para se sentir melhor quando estão com ansiedade ou depressão.**
- **O Brasil tem a 2º menor taxa de autismo do mundo.**

Eis o ranking dos países por ansiedade *(Fonte: Our World in Data)*: 1) Portugal, 9,7%. 2) Brasil, 9%. 3) Paraguai, 8.4%. 4) Líbano, 8.3%. 5) Irã, 8,2%. 6) Países Baixos, 7,9%. 7) Irlanda, 7,9%. 8) França, 7,7%. 9) Suíça, 7,6%. 10) Alemanha, 7,6%. 11) Bolívia, 7,6%. 12) Noruega, 7,5%. 13) Nova Zelândia, 7,4%. 14) Peru, 7,2%. 15) Grécia, 7,2%.

No Brasil, 9% da população sofre de ansiedade. O Brasil é também o 2º país onde mais pessoas conhecem amigos ou familiares que tiveram ansiedade ou depressão, com 61,7% da população. Eis os dados na **Figura 109**:

Figura 109. Gráfico das pessoas que conhecem um amigo ou um familiar com ansiedade, ou depressão. Fonte: Our World in Data.

Veja o mapa completo **(Figura110)**.

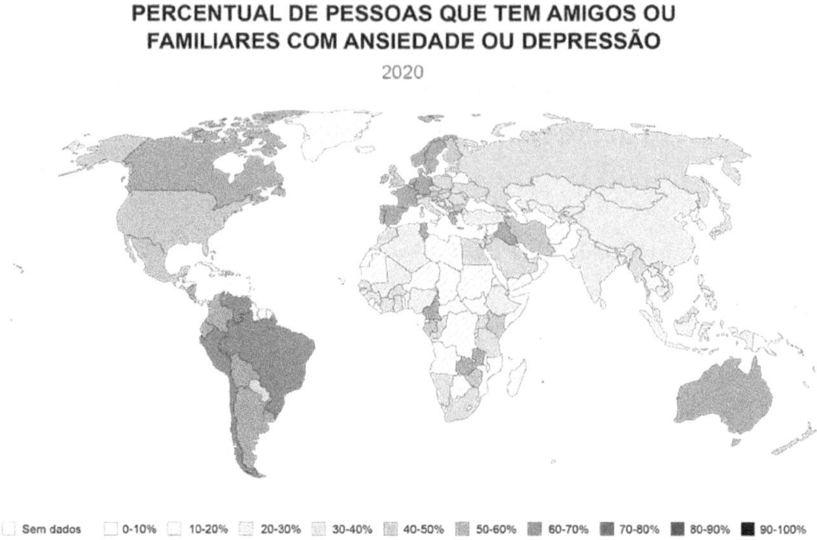

Figura 110. Mapa das pessoas que conhecem um amigo, um familiar com ansiedade ou depressão. Fonte: Our World in Data.

Além disso, com 77,5%, **o Brasil é o 3º país do mundo onde mais pessoas acham extremamente importante o estado subsidiar pesquisa sobre ansiedade e depressão. (Figura 111)**

No Brasil, 2,6% da população têm TDH. Tem também a 29ª maior taxa de TDH.

Ou seja,

Além disso, o Brasil é também o 3º país do mundo onde as pessoas mais se engajam em atividades religiosas e espirituais para se sentir melhor quando estão com ansiedade ou depressão. Veja os dados na **Figura 112.**

Além disso, o Brasil está nas primeiras posições por bipolaridade também (**Figura 13**).

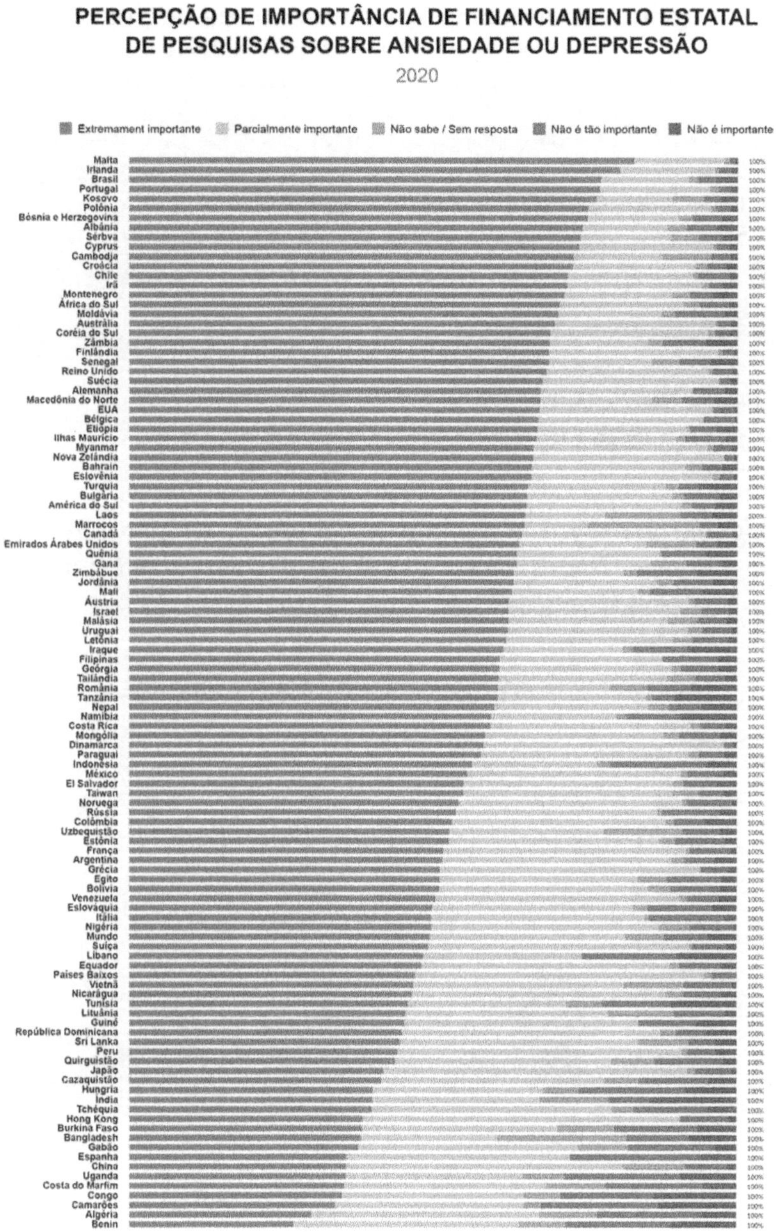

Figura 111. Gráfico da percepção da importância do financiamento do estado para subsidiar pesquisa sobre ansiedade e depressão. Fonte: Our World in data.

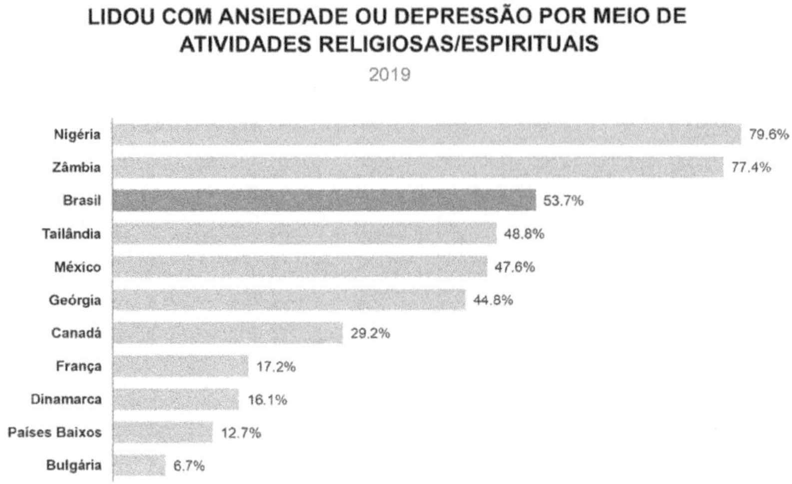

Figura 112. Gráfico de quantas pessoas usam a religião para lidar com ansiedade e depressão. Fonte: Our World in Data.

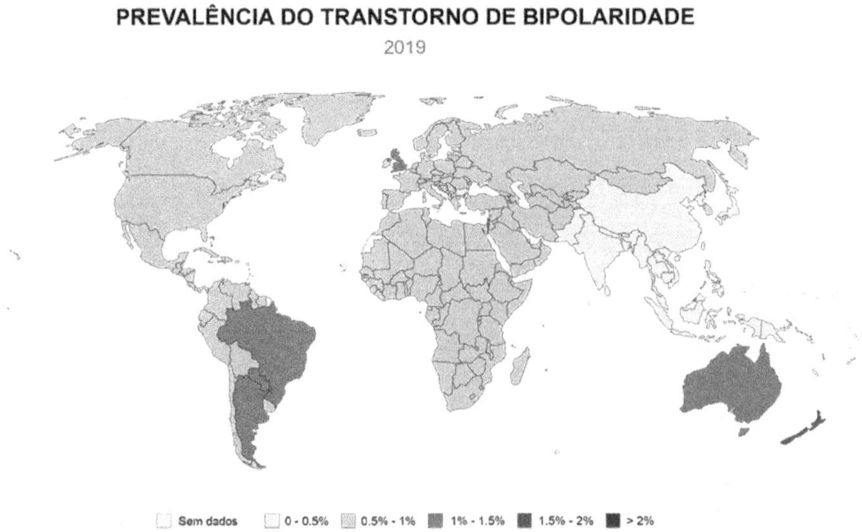

Figura 113. Mapa dos países com mais bipolares (em porcentagem). Fonte: Our World in Data.

Veja agora melhor o ranking internacional.

Ranking dos países com mais bipolares (em porcentagem), *(Fonte: Our World in Data):* **1) Nova Zelândia 1,38%. 2) Brasil 1,08%. 3) Austrália, 1,06%. 4) Paraguai, 1,01%. 5) Israel 0,95%. 6) Reino Unido 0,94%. 7) Líbano 0,91%. 8) México 0,89%. 9) Cuba 0,85%. 10) Antígua e Barbados 0,85%.**

Vamos olhar agora os dados sobre autismo, onde encontraremos resultados contrastantes com os demais.

Os 10 países com as maiores taxas do mundo *(Fonte: World Population Review)*: 1) Singapura, 2) Coreia do Sul, 3) Japão, 4) Brunei, 5) Austrália, 6) Nova Zelândia, 7) Canadá, 8) Chile, 9) EUA, 10) Irlanda.

Eis os 10 países com as menores taxas de autismo do mundo *(Fonte: World Population Review)*: 1) Bangladesh, **2) Brasil**, 3) Paraguai, 4) China, 5) Nepal, 6) Haiti, 7) Indonésia, 8) Butão, 9) Paquistão, 10) Ilhas Virgens.

Resumindo os dados:

1. 7,7% das pessoas têm ansiedade.
2. 2,6% da população tem TDH.
3. 1,08% das pessoas têm bipolaridade.
4. 53,7% das pessoas se engajam em atividades religiosas e espirituais para se sentir melhor quando estão com ansiedade ou depressão.
5. 61,7% das pessoas conhecem amigos ou familiares que tiveram ansiedade ou depressão.
6. 77,5% das pessoas acham extremamente importante o estado subsidiar pesquisa sobre ansiedade e depressão.

Resumindo, os recordes na área:

1. **O Brasil é o 2º país com mais ansiedade.**

2. **O 29º com mais TDH do mundo.**

3. **O Brasil é também o 2º país onde mais pessoas conhecem amigos ou familiares que tiveram ansiedade ou depressão.**

4. **O Brasil é o 3º país do mundo onde as pessoas se engajam em atividades religiosas e espirituais para se sentir melhor quando estão com ansiedade ou depressão.**

5. **O Brasil é o 3º país do mundo onde mais pessoas acham extremamente importante o estado subsidiar pesquisa sobre ansiedade e depressão.**

6. **O 2º país com mais bipolaridade.**

7. **O Brasil tem a 2º menor taxa de autismo do mundo.**

4.16 Marxismo em pleno Século XXI

Era 1989, eu era criança, estava assistindo à TV, de repente mudaram a programação para se conectar urgentemente com o correspondente em Berlim, pois o muro estava caindo. Os jornais foram pegos de surpresa, o jornalista contava os acontecimentos sem roteiro, imagens confusas, muita gente em euforia, analistas comentando no estúdio, as pessoas estavam derrubando o muro e, a um certo ponto, caiu! Gritos de felicidade, pessoas atravessando a brecha do leste para o oeste (e ninguém ao contrário), abraçando familiares e desconhecidos. Entendi que era algo importante, mas não sabia muito bem por quê. Entendi em plenitude só anos depois, estudando. Ainda guardo livros e atlas com URSS, Tchecoslováquia e Iugoslávia no mapa!

Se tratava de dois blocos, o socialista e o capitalista, mas o que se esquece é que se tratava também de um **bloco totalitário e de um democrático**. A República Democrática Alemã (a Alemanha Oriental) era composta por 3 mentiras: não era uma República, não era democrática e nem alemã!

Todo mundo já sabia da pobreza, das tentativas de fuga, da corrupção, da repressão, dos *gulags* na Sibéria, mas quando o muro foi derrubado (não caiu sozinho), o fracasso do sistema foi patente. Um sistema tão bom que precisava de um muro para impedir que as pessoas fugissem dele! Só o economista Paul Samuelson achava que o PIB da URSS teria superado o PIB dos EUA. Em 1961, escreveu que teria acontecido possivelmente até o 84, mas provavelmente até o 97. Em 1980, mudou as datas para 2002 e 2012. E obviamente nunca aconteceu! Muito pelo contrário...

A economia de planejamento econômico central coercitivo não funcionava. Uma história o ilustra muito bem: A calça jeans foi sempre historicamente ligada a caipiras e operários. Em 1955, James Dean veste a calça jeans em *Rebel without a cause* e, a partir deste momento, virou o maior símbolo de moda e de rebelião social. Os jovens do mundo inteiro a desejavam. Na URSS era proibida por ser um símbolo capitalista, ocidental e revolucionário, então surgiu um mercado informal para trazê-la de contrabando do outro lado da cortina de ferro. Nasceu uma cultura underground feita de jeans, música rock e VHS de filmes de Hollywood, que começou a minar as bases do sistema, pois as pessoas viam o bem-estar do bloco democrático-capitalista. Burocratas e políticos enfurecidos do *politburo* não conseguiam entender como o estado americano podia ter tido a ideia de usar esta arma letal da calça jeans que estava minando as bases da aceitação do regime soviético. Mas obviamente não foi uma ideia planejada por algum departamento de planejamento estatal, foi a mão invisível do mercado. E isso estava fora do horizonte mental dos funcionários soviéticos, eles não conseguiam entender, não conseguiam imaginar que não foi uma invenção estatal!

Com a derrubada do muro, o socialismo perdeu qualquer reputação, os partidos comunistas da Europa ocidental perderam filiados, votos, simpatizantes e os financiamentos em rublos. Assim, muitos políticos socialistas e comunistas migraram para movimentos e partidos ambientalistas (aconteceu até aqui no Brasil), que a partir daquele momento receberam um novo impulso.

Até quem tinha apoiado os tanques soviéticos nas ruas na Hungria e em Praga reviu suas posições e se moderou. Muitos socialistas aceitaram a via democrática, a esquerda social-democrata refloresceu, nasceu a "terceira via", liderada por Bill Clinton e Tony Blair (que fundou o *New Labour*), que aceitou a democracia e o capitalismo, *mas no mucho* (os poucos marxistas que sobraram os chamam de "neoliberais"). Fukuyama escreveu que a democracia liberal era o "fim da história", o mundo todo teria convergido para este sistema claramente superior e vencedor (hoje, o modelo chinês colocou isso de novo em discussão). Nos anos 1990, a esquerda moderada fez os planos de privatização na França, Itália, Canadá, Austrália e Nova Zelândia (e no Brasil com FHC).

No ocidente, Marx morreu. Hoje, pouquíssimos se dizem marxistas ou comunistas, citar Marx é considerado coisa do passado e ridícula. Socialismo e comunismo tiveram que se reinventar, o foco passou da luta de classe às novas lutas identitárias da Escola de Frankfurt. Hoje, os marxistas precisam se fingir progressistas para poderem ser aceitos[39].

Na América Latina não, marxismo, socialismo e comunismo, têm ainda muitos seguidores. Há vários partidos, organizações, movimentos sociais, adolescentes, jovens e pessoas que se dizem abertamente marxistas, socialistas e comunistas! Há até pessoas e partidos que defendem o sistema da Coreia do Norte, a invasão russa da Ucrânia e os Talibãs (sempre em função anti-EUA)!

Marx, teorias marxistas e marxianas (quando é de Marx, se fala "marxiana", quando é de autores marxistas, se fala marxista) são citadas frequentemente e abertamente, como se fossem coisas sérias, validas, científicas em ambientes acadêmicos!

Um reflexo disso (e de outras variáveis) é o peculiar fenômeno da **politização precoz**. É comum ver adolescentes, menores de idade, crianças de 17, 14 ou até 13 anos politizados, militantes, com opiniões políticas firmes, fixas e sempre extremistas e sempre do mesmo lado. A politização precoz geralmente é um fenômeno típico dos países totalitários (Alemanha nazista, URSS, Itália fascista, China, etc.), mas porque o estado faz controle do ensino, da mídia, faz propaganda, lavagem cerebral e cria isso intencionalmente como forma de controle e de doutrinação em massa. Aqui acontece de forma diferente. E é até muito elogiada! Não faltam elogios e palavras de carinho para os jovens "engajados" (com conotação positiva), "conscientizados", ativistas de causas sociais!

Só aqui o marxismo é ainda tão disseminado e tão levado a sério.

4.17 CEPAL. Uma teoria econômica para chamar de minha

O desenvolvimentismo, ou CEPAL (Comissão Econômica para a América Latina), como eles preferem ser chamados, é a única Escola de Pensamento Econômico nascida na América Latina e a única escola de pensamento que defende o protecionismo. Talvez você não conheça o nome, mas com certeza conhece muito bem seus preceitos, porque os ouviu a vida toda o tempo todo:

- **A economia é um jogo de soma zero**. A riqueza é finita. Ou seja, para um país ficar rico, tem que ficar rico necessariamente às custas dos outros. A pobreza de uns é diretamente correlata à riqueza de outros e vice-versa.

- **Teoria da dependência.** No sistema capitalista, os países pobres, periféricos e do Sul são dependentes dos países ricos, centrais e do Norte. E se os países pobres aceitarem entrar no sistema capitalista internacional a essas condições, não conseguirão sair da posição de dependência. O sistema é feito e desenhado assim para isso. Essa dependência é inicialmente e principalmente econômica, mas também politica, social e cultural.

- **Dirigismo**. Dirigismo é o exato oposto de livre mercado, liberalismo e *laissez faire*, é mais que simples intervencionismo. O intervencionismo dos keynesianos significa deixar o mercado livre e intervir só quando falha, por exemplo, durante os períodos de crises e depois deixar livre novamente. Dirigismo significa o estado conduzir a economia o tempo todo, do começo ao fim, fazer **planejamento estatal** central coercitivo, na perspectiva de que o crescimento econômico e o desenvolvimento sejam um **processo top-down**, de cima para baixo e não bottom-up de baixo para cima. Nesse processo, é fundamental que o estado dialogue, dirigia e planeje junto com o grande capital, com o setor privado, com empresários, industriais e empreendedores.

- **Protecionismo**. A ideia é que um país pobre (ou de renda média) não tem como competir no mercado internacional com os países ricos. Primeiro, ele tem que fechar a economia, proteger as empresas nacionais, os setores estratégicos e, depois, quando ficar rico, aí poderá (e deverá) abrir. A ideia é que os países ricos, quando eram pobres, teriam feito assim e ficaram ricos graças a isso (entre outras coisas). Vimos no cap. 4.8 que o Brasil é uma das economias mais fechadas do planeta. Nesse sentido, por exemplo, seria importante focar na **Balança Comercial** e fazer com que fique sempre positiva (ou seja, que as importações não superem as exportações) e fazer **substituição das importações,** ou seja, substituir gradualmente as importações com produtos produzidos internamente e focar no **conteúdo nacional,** ou seja, obrigar as empresas a ter uma quantidade mínima de conteúdo nacional, por exemplo, impor a plataformas de *streaming* de colocar filmes, documentários e desenhos animados brasileiros, obrigar as empresas de maquinários médicos a colocar uma quantidade mínima de componentes e peças produzidas no Brasil, ou ainda obrigar as plataformas petrolíferas a ter peças e componentes brasileiras.

- **Valor agregado.** A ideia segundo a qual tem que focar na produção de bens a alto valor agregado, bens cuja cadeia produtiva é longa, bens de capital, produzir computadores, celulares e tecnologia no lugar de produzir *commodities*. É aquela ideia que você ouvia o tempo inteiro na escola: "**Não tem como ficar rico produzindo soja e batata**" ou frangos e laranjas. Isso seria devido à **deterioração dos termos de intercambio (ou de troca),** a ideia segundo a qual produtos a alto valor agregado (celulares e computadores) se valorizam sempre mais em relação aos produtos a baixo valor agregado (soja e batatas) e, portanto, para comprar produtos a alto valor agregado você precisará produzir sempre mais produtos a baixo valor agregado, mesmo se seu produto se valoriza, o outro se valoriza mais.

- **Industrialização.** A ideia segundo a qual, **não se fica rico produzindo batatas, soja, frango e laranjas,** a chave não é o agronegócio, o setor primário, mas a indústria, a industrialização, obviamente dirigida pelo estado, com tanto de planejamento central e de **política industrial.**

- **Diversificação.** O país precisa diversificar sua produção. Obviamente, esse parece um princípio de bom senso, de "não colocar todos os ovos na mesma cesta", com o qual todo o mundo concorda e de fato é assim. Mas a CEPAL considera que esse **processo de diversificação tem que ser liderado pelo estado por meio de planejamento central**. Ou seja, se um país concentra sua produção em, por exemplo: soja, laranjas, frango, mineração e pouco mais... o estado deveria planejar centralmente e compulsoriamente a economia para diversificar essa produção, forçar a diversificar gastando dinheiro.

- **Estado como o indutor do desenvolvimento.** Quem faz crescer a economia não é o livre mercado, a mão invisível, o setor privado, é o estado. O estado assume então um novo papel (além daquele de ajudar os últimos da sociedade e de moderador da desigualdade) de "**estado empreendedor**". Empreendimento, investimento, crescimento, pesquisa e desenvolvimento, decidir em quais setores apostar não são tarefas que têm que ser deixadas só nas mãos privadas. O estado tem que fazer tudo isso por sua conta e/ou em concertação com o setor privado, direta e/ou indiretamente.

- **Desenvolvimento é um processo top-down.** Economia e crescimento não são fenômenos bottom-up que nascem de baixo para cima, mas top-down de cima para baixo conduzidos por uma classe de altos burocratas, técnicos competentes e políticos junto com os grandes empresários e industriais dos setores mais estratégicos, juntando *big business* e *big government*.

- **Desenvolvimento é mais que mero crescimento econômico.** Crescimento econômico se refere ao crescimento do PIB, mas a CEPAL alega que isso não necessariamente e nem sempre leva à melhora de vários outros parâmetros (sociais) como melhora do analfabetismo, desigualdade, bem-estar, expectativa de vida etc. E, portanto, a CEPAL foca no desenvolvimento, mais que no crescimento. Por isso, por exemplo, o frequente uso desse termo no Brasil.

- **Mercado interno como fonte de desenvolvimento e mercado externo como fonte de instabilidade.** O crescimento e o desenvolvimento se dão de forma sustentável, focando no mercado interno e não no mercado externo. O mercado externo é fonte de oscilações, flutuações, crises, instabilidades cambiais e econômicas. Por essas razões, o mercado externo pode até gerar aumento do PIB, mas é geralmente de curto prazo e não sustentável, não é a chave na qual apostar.

- **Câmbio desvalorizado.** Um importante arma para fomentar o desenvolvimento é o câmbio, o câmbio desvalorizado e **juros baixos** para fomentar as exportações e ajudar as empresas nacionais. É exatamente a mesma pauta dos grandes industriais e empresários.

- **Foco no capital humano.** A ideia que para um país crescer é preciso que se invista em capital humano e que o capital humano melhore. A ideia não é que o capital humano melhora como consequência do crescimento econômico, é a ideia oposta. É a visão segundo a qual não tem como crescer com um capital humano baixo. Daqui o foco em ensino, SENAI, SENAC, "Sistema S" de forma geral, etc.

Se trata então da visão mais estatista, a mais oposta ao livre mercado, entre todas as escolas de pensamento econômico.

Essa escola de pensamento é muito influente no Brasil e na América Latina, tanto do ponto de vista político, quanto social.

São décadas que, bem ou mal, a política econômica do país se inspira nesses princípios, tanto à direita, quanto à esquerda, tanto com os social-democratas, quanto com os socialistas, tanto na ditadura quanto na democracia. Delfim Netto, por exemplo, um dos maiores exponentes dessa Escola foi ministro da ditadura e também conselheiro de Lula depois.

Vários desses conceitos supracitados são muito difusos e **grande parte da população concorda. Concorda porque sempre ouviu isso e só isso, desde criança**, na escola, na TV e em casa e em todos os lugares.

É claro que existem pessoas e autores que pensam assim no mundo inteiro, mas esse nível de penetração social é peculiar.

4.18 Nacionalismo transversal

Geralmente, no ocidente, (e é claro que há sempre exceções que confirmam a regra), o nacionalismo é mais de direita. Na América Latina o nacionalismo é transversal e é tanto de direita quanto de esquerda.

Geralmente, com o famoso lema "Deus, Pátria e Família", a direita e o conservadorismo focam mais na nação, no comunitarismo, no local, na família, enquanto a esquerda foca no cosmopolitismo global, no multiculturalismo, cidadãos do mundo, etc. Desde seu nascimento, por exemplo, o socialismo e o comunismo são internacionalistas (veja por ex. A internacional socialista). Para eles a dicotomia relevante não é França vs. Inglaterra; Rússia vs. Alemanha etc., mas a classe (econômica), ricos, capitalistas empregadores, industriais, nobres, latifundiários e empreendedores, vs. Pobres, operários, proletários, campesinos, últimos da sociedade, marginalizados, miseráveis e rejeitos. Ao ponto que, por exemplo, os socialistas apoiaram a Primeira Guerra Mundial como forma de reverter o *Ancien Régime*, destituir a nobreza e substitui-la com um sistema que incluísse os últimos da sociedade. É por isso também que socialistas de diferentes países foram combater a revolução bolchevique na Russia e a Guerra Civil espanhola por exemplo; assim como Bolivar (venezuelano) e Che Guevara (argentino) combateram na América Latina toda.

Na América Latina, a esquerda é nacionalista em chave antiamericanista e antiocidentalista. Ao ponto que você vê partidos de esquerda como PT, PSOL, PCO, PCdoB etc. com slogans, frases, pautas propostas abertamente nacionalistas. Não é exclusivo do Brasil, mas típico da América Latina. A influência dos EUA na América Latina reforçou esse sentimento nacionalista. Até se na verdade teve a mesma influencia americana na Europa também.

Ao ponto que por exemplo, **nacionalismo aqui é unanimemente visto como algo positivo**. Quase ninguém fala do nacionalismo como algo negativo, os poucos que conhecem seu histórico prontamente querem diferenciar entre "nacionalismo" e "patriotismo" encontrando assim um termo não corrompido pela história. As pessoas até reclamam que o Brasil seria pouco nacionalista!

Outro fator que compõe essa situação é o seguinte. Geralmente o nacionalismo acaba sendo visto como muito ligado às ditaduras (Mussolini, Franco, Salazar, Hitler, Pinochet, Mao Tse Tung, etc.) e, portanto, visto como negativo. Aqui, o fato que Vargas é visto de forma positiva pela esquerda ("pai dos pobres", os direitos trabalhistas, as questões sociais etc.) também faz com que o nacionalismo dele não seja visto como negativo. É causa e consequência ao mesmo tempo.

4.19 Bronzeamento artificial proibido

O Brasil é um dos únicos três países do mundo a proibir câmara de bronzeamento artificial com raios ultravioletas, junto com Austrália e Irã[40]. Veja o mapa na **Figura 114.**

Os outros países em azul tem só limite de idade (mínimas). O Brasil foi o primeiro país do mundo a proibir câmara de bronzeamento artificial em 2009. O mapa mostra a proibição em 2011 e em 2019. A justificativa é que faz mal à saúde.

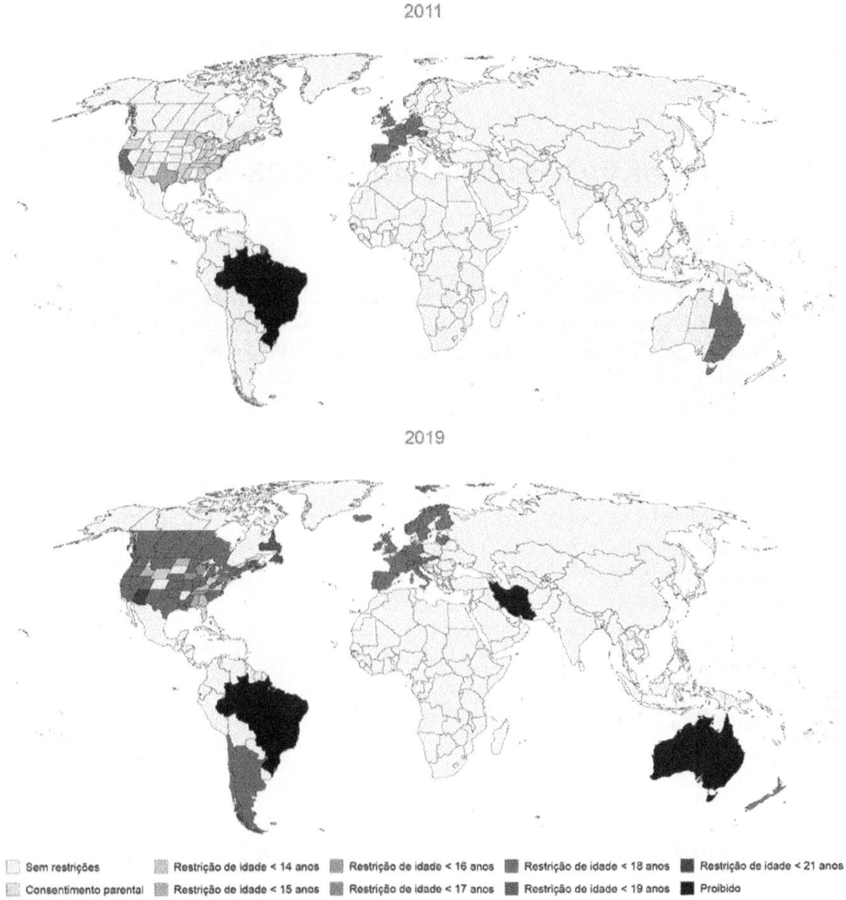

Figura 114. Mapa das estrições ao bronzeamento artificial no mundo. Fonte: Research Gate.

4.20 Os juros mais altos do planeta

O Brasil, notoriamente, tem juros muito altos, entre os mais altos do planeta. E é verdade. É claro que em cada país os juros mudam constantemente, então, essa situação pode mudar e mudou ao longo do tempo, mas de forma geral, é sempre entre os primeiros.

Por esse motivo, existem diversas pesquisas que mostram resultados semelhantes, mas não iguais. Eis os dados (sobre o ano 2022) na **Figura 115**:

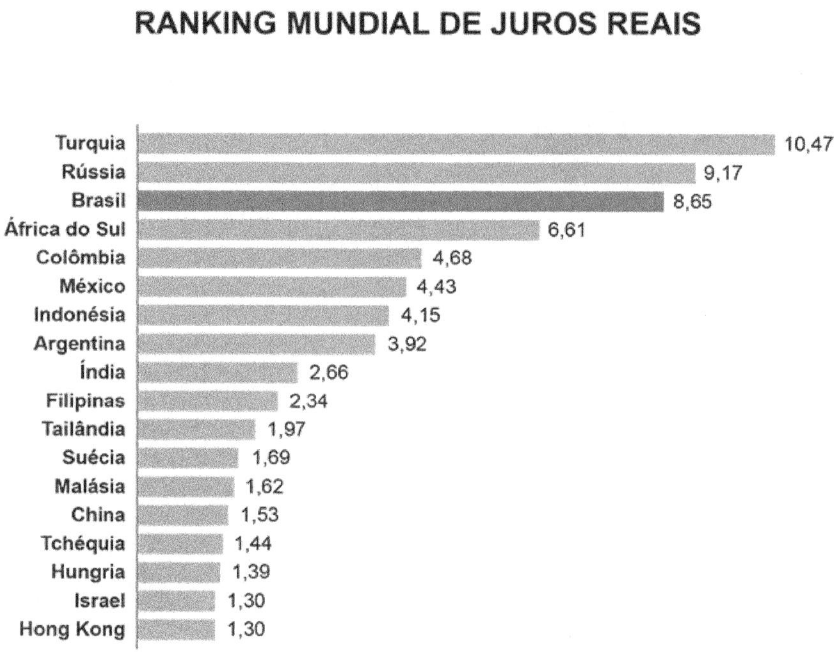

Figura 115. Ranking dos maiores juros reais do mundo. Fonte: Infinity asset.

É uma questão complexa e muito técnica. E obviamente existem teorias diferentes sobre quais as causas. Há quem diga que é uma questão de ganância, de especulação, de rentismo para beneficiar os ricos e há quem diga serem altos porque refletem uma situação econômica, política e jurídica negativa, questões como instabilidade política, insegurança jurídica, inadimplência, dificuldade de recuperar o crédito, estado endividado, gastador e com baixa confiança, etc.

De fato, a inadimplência no Brasil é alta e, quando alguém não paga a dívida, é muito difícil recuperar o dinheiro (recuperação de crédito). A cada dólar emprestado, se consegue recuperar só $0,13, contra uma média de $0,34 (parece pouco, mas é mais que o dobro)[41]. Portanto, esse custo vai na conta final dos juros, ou seja, quem pega emprestado, paga para quem fica inadimplente. E alguns estudos demonstram que a inadimplência seria responsável por 55% do preço dos juros finais para o consumidor[42].

É importante diferenciar entre taxa de juro básica do Banco Central e taxa de juro final para o cliente que toma o empréstimo. Os bancos pegam o dinheiro do banco central (e dos poupadores de forma geral) e pagam uma taxa básica (também chamada custo de captação), depois emprestam aos clientes finais tomadores de empréstimo. Obviamente, os bancos têm que ganhar, portanto, emprestam a um valor maior. A diferença entre o preço que pagam e o preço que cobram é chamado *spread bancário.*

O Brasil tem também o 3º maior spread bancário do mundo. Eis os primeiros 15 países do mundo com o relativo spread na **Figura 116**.

Eis aqui os mesmos dados em formato de mapa mundial na Figura 117.

Obviamente, esses dados também mudam constantemente. Mas geralmente o Brasil está sempre entre os primeiros países. É aqui que incide a inadimplência e a dificuldade de recuperar o crédito. Outros países, mais pobres, mas com juros e/ou spread menor, nem conseguem rolar tanto crédito, não há tanta demanda. O Brasil parece estar em uma posição intermediaria de país com demanda por crédito, mas, ao mesmo tempo, com vários problemas econômicos que se refletem nos juros.

MAIORES SPREAD BANCÁRIOS DO MUNDO

PAÍS	ANO	SPREAD
Zimbábue	2022	97.1
Madagascar	2022	35.5
Brasil	2022	27.4
Laos	2010	19.6
Tajiquistão	2019	18.4
República Democrática do Congo	2021	17.6
Sudão do Sul	2022	16.2
São Tomé e Príncipe	2021	16.1
Quirguistão	2021	15.3
Gâmbia	2021	14.7
Serra Leoa	2021	13.5
Somália	1988	13.0
Angola	2022	13.0
Micronésia	2021	12.6
Moçambique	2022	12.3

Figura 116. Ranking dos maiores spread bancários do mundo. Fonte: Banco Mundial.

MAIORES SPREAD BANCÁRIOS DO MUNDO, MAPA

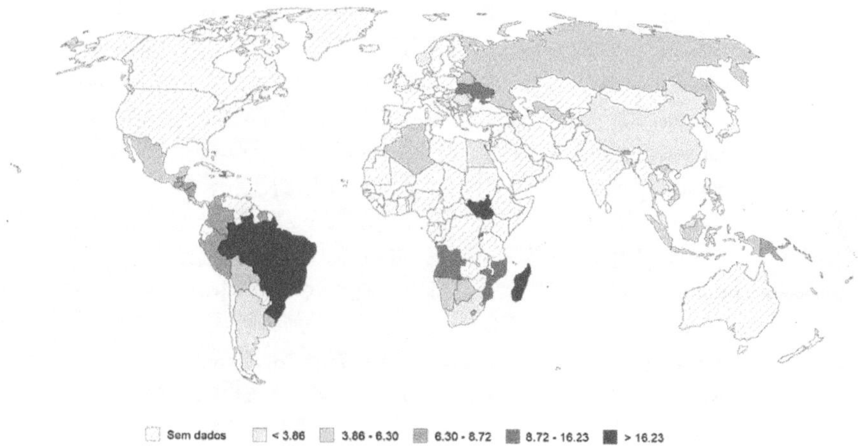

Figura 117. Ranking dos maiores spread bancários do mundo. Fonte: World Population Review.

4.21 Mais tempo online e mais tempo nas redes sociais

Existem várias pesquisas que medem quanto tempo as pessoas, em cada país, passam online. Os dados variam um pouco, mas, em todas, o Brasil está entre os primeiros.

Vamos ver duas. Segundo uma pesquisa do *Statista*, **o Brasil é o 2º país do mundo onde as pessoas passam mais tempo online**.

Eis os primeiros países do mundo na **Figura 118**.

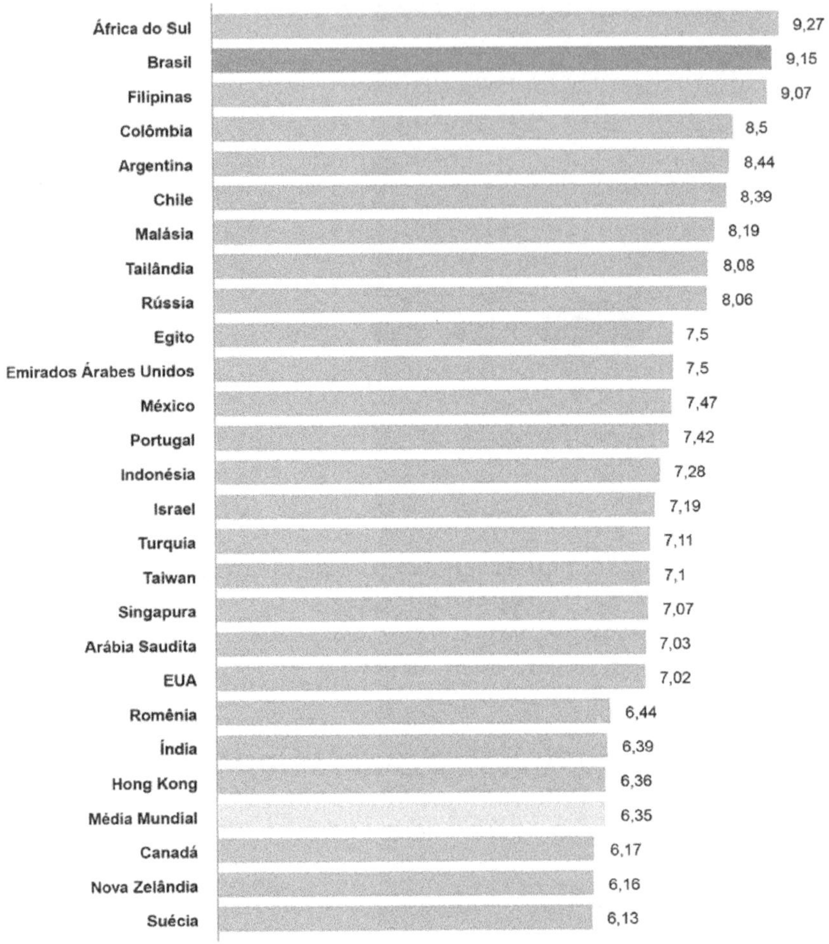

Figura 118. Ranking dos países que passam mais tempo online. Fonte: ANDRADE G., Metrópoles, 2024.

Trata-se de 9,15 horas online por dia, contra uma média mundial de 6,35. Segundo outra pesquisa, **o Brasil é o 3º país do mundo onde as pessoas passam mais tempo online**[43].

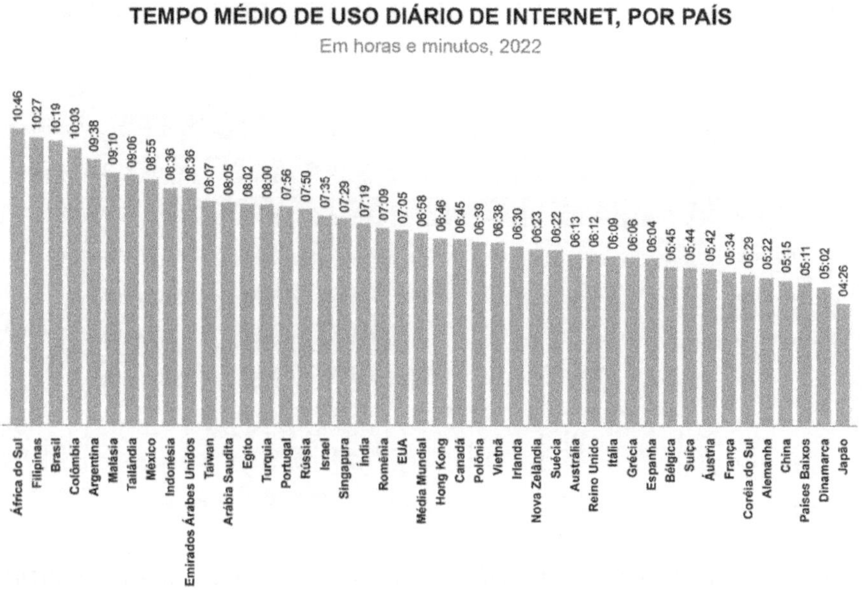

Figura 119. Ranking dos países que passam mais tempo online. Fonte: Campaign Brief, GWI.

Se trataria de 10,19 horas por dia no Brasil, contra 6,58 de média mundial. Entre as duas pesquisas, muda pouca coisa, a essência da questão é a mesma, muito tempo online, entre os primeiros do mundo. Coerentemente, **o Brasil é também o 3º país do mundo onde as pessoas transcorrem mais tempo nas redes sociais.** Eis os dados[44] na **Figura 120**.

Se trata de, 224 minutos por dia, ou seja, 3,73 horas. De forma mais específica, **o Brasil também é o 5º país do mundo a usar o Instagram**, se trata da 5ª posição em termos de percentual de população que utiliza o Instagram, com 78% dos brasileiros adultos engajados no aplicativo[45].

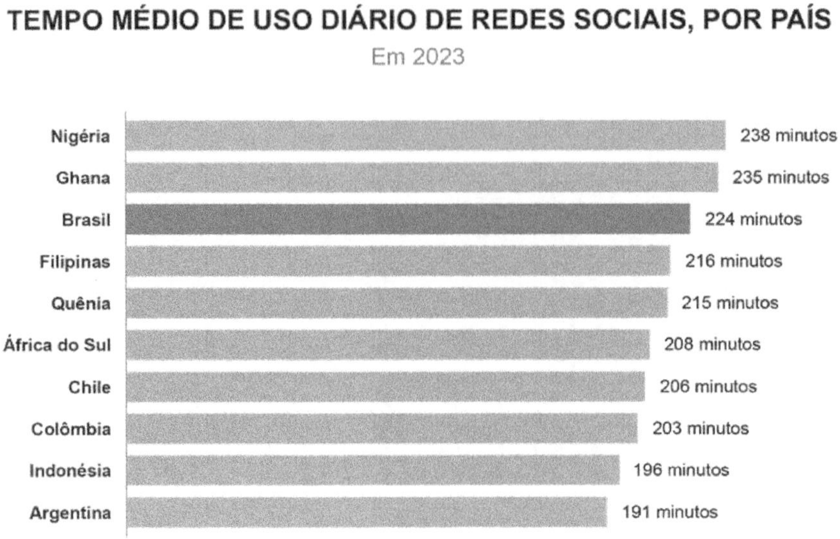

Figura 120. Gráfico do uso de redes sociais por país. Fonte: Data Reportal, O Berlo.

4.22 Desconhecimento do próprio país

Em 2017, o Instituto IPSO MORI fez uma pesquisa para ver quanto os cidadãos de vários países conhecem a realidade do próprio país, com perguntas sobre questões sociais, econômicas, políticas, etc.

Os brasileiros são a segunda população que menos conhece o próprio país. Já só essa pesquisa explica o porquê de tantos erros de percepção sobre o próprio país tratados nesse livro. Esse livro tenta contribuir nessa questão. Eis o ranking na **Figura 121**:

POSIÇÃO	PAÍS	POSIÇÃO	PAÍS
1	África do Sul	20	Países Baixos
2	Brasil	21	Hong Kong
3	Filipinas	22	Polônia
4	Peru	23	Estados Unidos da América
5	Índia	24	Rússia
6	Indonésia	25	Alemanha
7	Colômbia	26	Austrália
8	México	27	China
9	Turquia	28	Cingapura
10	Arábia Saudita	29	Israel
11	Argentina	30	Grã-Bretanha
12	Itália	31	Bélgica
13	Chile	32	Canadá
14	Japão	33	Sérvia
15	Malásia	34	Montenegro
16	França	35	Espanha
17	Coréia do Sul	36	Dinamarca
18	Hungria	37	Noruega
19	Nova Zelândia	38	Suécia

Figura 121. Ranking das populações que menos conhecem o próprio país. Fonte: Atlas World.

Eis algumas perguntas:

1. Quantas garotas de 15 a 19 anos você acha que dão à luz no país?
2. A taxa de homicídios hoje é mais alta ou mais baixa que no ano 2000?
3. A cada cem presos no país, quantos são imigrantes?
4. Qual a porcentagem de pessoas que acredita em Deus?
5. Quantas pessoas têm smartphone?

6. Quantas pessoas têm uma conta Facebook?

Eis as respostas:

1. A maioria das pessoas respondeu 48%, mas, na verdade, a resposta correta é 6,7%.

2. As pessoas acham que a taxa de homicídio aumentou, enquanto, na verdade, continuou a mesma.

3. Só 0,4% dos presos são imigrantes, embora os entrevistados tenham respondido, em média, 18%.

4. As pessoas responderam 80%, enquanto a resposta certa é 98%.

5. A maioria das pessoas acha que 85% dos brasileiros tem smartphone, quando, na verdade, são 38%.

6. As pessoas acham que 83% têm perfil no Facebook, quando na realidade são 47%.[46]

O desconhecimento, então, é fato objetivo.

Agora, outra questão é, talvez, como tentar explicar esse fenômeno? As explicações obviamente são subjetivas e são uma mera tentativa, mas aí vai:

- Primeiro, o país é muito grande e, portanto, mais difícil de se conhecer.

- Segundo, o país é muito desigual, não por acaso o único país pior que o Brasil é a África do Sul, que também é muito desigual e mais setorizado ainda. Conhecer o país fora da própria bolha é mais difícil.

- Terceiro, mentiram para você sobre o Brasil. A narrativa é sempre a mesma. Não por acaso, o viés do erro das respostas é sempre o mesmo. Sobre questões micro e práticas, as pessoas tendem a responder o que enxergam na própria bolha e superestimam os dados (smartphone, Facebook, religião, etc.), enquanto sobre questões que eles não vivem e sobre as quais não têm experiencia prática, respondem o que escutam na TV, no discurso público, na narrativa e superestimam os problemas sociais (menores gravidas, homicídios, etc.)

Repito, o diagnóstico é objetivo, a explicação, obviamente, é uma interpretação teórica.

Mas, de qualquer forma, fica o problema. E as implicações são várias e graves.

Quando os legisladores elaboram as políticas públicas sobre um país que não conhecem, é difícil que dê certo. Quando as pessoas têm opiniões e propõem soluções sobre um país que não conhecem, é difícil que dê certo.

CONCLUSÕES

A INTENÇÃO POR TRÁS desse livro é fundamentar ideias, conceitos, que muitos pensam, frase que muitos repetem sem pesquisar, sem comparar, sem saber se é verdade ou não, mas simplesmente indo com a massa, no efeito manada, por força de inércia. A ideia não é criticar, polemizar, a ideia é esclarecer, fundamentar o debate, levantar um mínimo o nível do discurso público do senso comum.

A intenção é falar principalmente de questões desconhecidas aos demais e questões com algumas repercussões políticas, econômicas, jurídicas e sociais, e tópicos sobre os quais as pessoas frequentemente pensam coisas erradas.

Poderíamos falar muito bem **de fatos conhecidos** como o fato que o Brasil é um dos principais produtores de alimentos (soja, frango, milho, grão, café, cana-de-açúcar, algodão, maracujá, jabuticabas, coco, transgênicos, etc.) e mineiros, o único país da América Latina luso falante, o país com mais copas do mundo de futebol; o maior carnaval do mundo, os novos recordes mundiais de apostas esportivas online, mas não agregaria nada ao debate visto que todo o mundo já sabe disso.

Poderíamos falar de **jabuticabas históricas, pioneirismos ou atrasos** como o fato de o Brasil ter sido o último país do mundo a ter proibido a escravidão, o primeiro a da América Latina a ter legalizado o casamento gay; o único a aplicar e respeitar reformas ortográficas de forma tão intensa e extensa; um dos países que mais e antes de outros começou a usar etanol em larga escala como combustível para autoveículos.

Poderíamos falar de **peculiaridades mais amenas e simples** como o filtro de barro, o chuveiro elétrico, a tomada de três pinos, o habito de jogar papel higiênico na lixeira, de escovar os dentes no lugar de trabalho, a mudança dos significados de muitas palavras como *intuito, experiência, propaganda, academia, palestra*, etc.; traduções e usos errados de várias palavras *ingleses como playboy, shopping, outdoor, notebook, printscreen, step*, etc., mas seriam simples banalidades socioculturais como qualquer país tem as suas.

Poderíamos falar de **palavras que pegaram o nome de produtos e de marcas famosas**, como Xerox, Gilette, Bombril Miojo, Durex, Sucrilhos, Leite Ninho, Chiclete, Band-Aid, Danone, Ziper, Nescau, Modess, OB, Leite Ninho, etc.

Poderíamos falar de **produtos vendidos como estrangeiros que não existem ou são muito diferentes nos supostos países de origem**, como pão francês, sorvete napolitano, limonada suíça, paleta mexicana, mozzarella, palha italiana, etc. mas todas essas questões não passariam de meras informações efêmeras, folcloristas e tipicidades culturais e qualquer país tem as suas.

Há ainda outras **questões que ficaram em aberto por falta de dados internacionais**, pesquisas e rankings, como a ideia que se repete de que “O Brasil tem mais cursos de direito que todo o mundo junto” (acho muito improvável). No máximo, pode ser um dos países que tem mais cursos de direto; ou “O Brasil tem mais processos trabalhistas que todos os outros países somados (acho muito improvável). No máximo, pode ser um dos países que tem mais processos trabalhistas.

O que espanta é a fortíssima convicção de que muitas coisas sejam jabuticabas. E muitas vezes não são, enquanto há várias outras que realmente são e ninguém sabe. Me parece que isso seja devido a um certo nível de lavagem cerebral nas escolas e na mídia, um forte isolamento do resto do mundo, as dimensões e as desigualdades do país; um fortíssimo olhar para dentro com pouco interesse genuíno nas questões globais e a uma certa tendência sociocultural à convergência a não ir contra os demais, a não se opor a não criticar, a concordar (ou fingir), a repetir o que todo o mundo repete, a ser "de boa", a "não apelar", a ser agradável, etc.

Poucos procuram e pesquisam antes de repetir coisas ouvidas por aí. É normal entre leigos, mas é simplesmente espantoso que isso aconteça regulamente até entre acadêmicos, pesquisadores e intelectuais.

Espanta a crença que essas supostas jabuticabas sejam sempre ou quase sempre negativas, como mostra a frase atribuída ao economista Mário Henrique Simonsen, "Se só existe no Brasil e não é jabuticaba, é besteira"[1].

O termo jabuticaba virou sinônimo de peculiaridade, de coisa ou fenômeno que existira só no Brasil. E, na verdade, nem o fruto jabuticaba é exclusividade do Brasil (existem também em outros países da América Latina)[2].

Ao ponto que, muitas vezes, muitos brasileiros se surpreendem quando viajam pela primeira vez no exterior, descobrindo que muitas coisas que achavam normais não são e vice-versa. Ou seja, **o problema não é o Brasil, são as ideias erradas, a falta de conhecimento sobre si mesmos**[3] **e os outros.**

Mas, na verdade, em países de "**alto contexto**"[4], o significado das palavras não é literal, não é o que de fato se diz, mas o que quer se dizer. Dizer "é uma jabuticaba", "Ah, só no Brasil mesmo" é só uma forma de se indignar e gritar ao absurdo.

Como diz o jornalista Duda Teixeira, "*O fato é que brasileiros têm mania de achar que muitas coisas só existem por aqui. E talvez sequer este seja um costume exclusivo dos brasileiros, já que outros povos também demonstram este sentimento. Reclamar dizendo que algo não existe em mais lugar algum do mundo é uma maneira de demonstrar descontentamento com alguma coisa que incomoda. Em outros casos, dizer que algo é único de seu país é uma forma de buscar salvação para a própria alma*".[5] Algumas das coisas que as pessoas acham que são jabuticabas, na verdade, não são, enquanto há outras que as pessoas acham normais que, na verdade, são jabuticabas mesmo. Como diz a famosa frase atribuída a muitos, "o peixe não sabe de estar dentro d'água". Às vezes é necessário sair ou de um olhar de fora para entender.

Todos querem melhorar a situação do seu país, mas antes de fazer propostas é fundamental fazer o diagnóstico e fazer um bom diagnóstico. É como quando você vai no médico. Primeiro ele faz o diagnóstico e depois o prognóstico (sugere quais medicamentos tomar e qual terapia fazer). Se o médico fizesse o prognóstico sem antes ter feito o diagnóstico ou tendo feito um diagnóstico errado, daria errado. Temos que fazer um passo atrás e fazer o diagnóstico certo, porque mentiram para nós sobre o Brasil.

NOTAS

MITOS E MANIAS POPULARES

1. SACHS J. e WARNER A. M., 2001.
2. Esse capítulo é baseado no meu livro *A Ciência da Política, 2018*.
3. Esse capítulo é baseado no artigo "Capitalismo sem adjetivos" escrito com Lucas Azambuja e publicado na *Gazeta do Povo, em* 2022.
4. NARLOCH L., 2009, p. 180.
5. Esse capítulo é baseado em um artigo que escrevi com Adriano Cerqueira para a Folha de São Paulo dia 7/9/2022.
6. WELLER C., 2017.
7. DEL CIOPPO J., 2018.
8. HARRIS S., 2018.
9. QUADRONI A., 2022.
10. Esse capítulo é baseado no meu artigo "Não é uma questão de cultura", Gazeta do Povo, 2025.
11. Isso é válido para todos os animais. O número de filhos depende da mortalidade infantil e do tempo e esforço necessários na cura da prole. Alguns animais adotam a estratégia de fazer muitos filhos (insetos) e outros menos (mamíferos).
12. BECKER G., 1981.
13. MESQUITA B. B. & ALAISTAR A., 2012.

14. CORDEIRO T., 2017.

15. CALDEIRA J., 2017.

16. EASTERLY W., LEVINE D., The European origins of economic development, Journal of economic Growth, 221, 225–257, 2016.

17. REED L., 2023.

18. KRUGMAN P., 2001.

19. REED L., 2023.

20. REED L., 2023.

21. BUARQUE D., 2010.

22. BUARQUE D., 2010.

23. BUARQUE D., 2010.

24. ROTHER L., 2002.

25. BUARQUE D., 2010.

26. BUARQUE D., 2010.

27. BUARQUE D., 2010.

28. BUARQUE D., 2010.

29. BUARQUE D., 2010.

30. Esse capítulo é baseado em um artigo escrito pelo autor junto com Lucas Rodrigues Azambuja na Revista Oeste, em 2023.

31. NARLOCH L., 2009, p. 91.

COMO COMPARAR O BRASIL

1. BANDEIRA K., 2022

2. AMARO D. 2022.

3. COCOLO A. 2016.

4. BARROS C., 2018.

5. DOBBIN G. 2022 e ACCARINI A., 2024.

6. REDAÇÃO, Conectas, 2022.

7. INSTITUTO HUMANITAS UNISINOS, 2017.

8. AGÊNCIA BRASIL, 2019.

9. COELHO T., 2019.

10. REDAÇÃO POPONLINE, 2023.

11. LOPES A., 2023.

12. World Economics, 2025.

O QUE NÃO É JABUTICABA

1. WORLD POPULATION REVIEW, "Average Workweek by Country", 2025.

2. Organização Internacional do Trabalho, 2024.

3. STATISTA, "Countries with the largest number of prisoners", 2025.

4. STATISTA, "Countries with the largest number of prisoners per 100,000 of the national population", 2025.

5. WORLDPOPULATIONREVIEW, "Incarceration Rates by Country" 2025.

6. SILVA CA. R., GRANDIN F., CAESAR G. e REIS T., "Com 322 encarcerados a cada 100 mil habitantes, o Brasil se mantém na 26ª posição em ranking dos países que mais prendem no mundo", 2021.

7. OCDE, "Key Data on Local and Regional Governments in the European Union", 2018.

8. MOTA C.V., 2020.

9. REDAÇÃO G1, 2010.

O QUE É JABUTICABA

1. SHALDERS A., 2022.

2. SHALDERS A., 2022.

3. TESOURO.GOV, 2024.

4. AVIS E., FERRAZ C., FINAN F. e VARJÃO C., 2022.

5. Lembrando que, na verdade, o Reino Unido não tem exatamente uma Constituição escrita, mas uma série de cartas fundamentais consideradas cartas constitucionais.

6. REDAÇÃO ESTADÃO, 2022.

7. Sindicato dos Servidores do Poder Judiciário Federal em Goiás, 2010.

8. OROZCO-HENRIQUEZ J., 2010.

9. Sindicato dos Servidores do Poder Judiciário Federal em Goiás, 2010.

10. OROZCO-HENRIQUEZ J., 2010.

11. OROZCO-HENRIQUEZ J., 2010.

12. OROZCO-HENRIQUEZ J., 2010, pp. 116–117.

13. BONIN R. Veja, 2024.

14. NUÑEZ B., 2017; BLUME B.A., 2025; TUCCILLIO A., 2021; e CALEGARI L., 2017.

15. GOMES B., 2021.

16. HERITAGE FOUNDATION, 2024.

17. VENTURA L., 2022.
18. O relatório avisa constantemente que “The samples in Brazil, Chile, China (mainland), Colombia, India, Malaysia, Mexico, Peru, Russia, South Africa and Turkey are more urban, more educated, and/or more affluent than the general population. The survey results for these countries should be viewed as reflecting the views of the more “connected” segment of their population”.
19. World Health Organization, 2024 e World Population Review, 2025.
20. World Health Organization, 2024.
21. FRANCO G., 2018.
22. Dados do Instituto Sou da Paz, reportados no artigo REDAÇÃO ESTADÃO, 2022.
23. REDAÇÃO EXAME, 2015.
24. WORLD POPULATION REVIEW, “Police Killings by Country”, 2025.
25. CAMARA O., 2019.
26. CAMARA O., 2019.
27. INSTITUTO MONTE CASTELO, 2023.
28. Penal Reform International, 2018.
29. Our World in Data, 2021 e Our World in Data, 2024.
30. Our World in Data, 2021 e Our World in Data, 2024.
31. WORLDATLAS, “Legal Voting age by country”, 2025.
32. IDEA, 2023.
33. VENTURA F., 2012.

34. VENTURA F., 2012.

35. VIEIRA G. P., 2021.

36. REDAÇÃO PODER360, 2023.

37. ONU, 2022.

38. GOV.BR, 2021.

39. Esse conteúdo é baseado em GIANTURCO A., "O muro caiu e Marx morreu", 2019.

40. GORDON L. 2019.

41. INFOMONEY, 2019, com dados do Banco Mundial.

42. BANCO CENTRAL, Relatório, 2017.

43. KEMP S., 2022.

44. OBERLO, 2024.

45. ANDRADE G., 2024.

46. CALEGARI L., 2017.

CONCLUSÕES

1. TEIXEIRA D., 2024.

2. ORACULO, 2016.

3. Já mostramos no cap. 4.22, uma pesquisa internacional da IPSO MORI mostra que os brasileiros são a segunda população do mundo que menos conhece o próprio país.

4. Na literatura científica, se fala de "alto contexto" para as culturas nas quais o contexto importa muito em relação ao que foi literalmente dito, de "baixo contexto" para culturas e países ao contrário.

5. TEIXEIRA D., 2024.

REFERÊNCIAS

ABRANCHES S., "Presidencialismo de Coalizão: O Dilema Institucional Brasileiro", Revista de Ciências Sociais, vol. 31, pp. 5-34, 1988.

ACCARINI A., "Brasil lidera ranking de países que mais matam LGBQTQIA+. Maioria é de pessoas trans", CUT, 2024.

https://www.cut.org.br/noticias/brasil-lidera-ranking-de-paises-que-mais-matam-lgbqtqia-maioria-e-de-pessoas-tra-6f58

ACEMOGLU D., ROBINSON, "Why nations fail", Crown Publisher, 2013.

AGÊNCIA BRASIL, "Brasil é o 4º país que mais produz lixo no mundo, diz WWF", 2019.

https://agenciabrasil.ebc.com.br/internacional/noticia/2019-03/brasil-e-o-4o-pais-que-mais-produz-lixo-no-mundo-diz-wwf

Agência Indusnet Fiesp, "Custo da corrupção no Brasil chega a R$ 69 bi por ano", FIESP, 2010.

https://www.fiesp.com.br/noticias/custo-da-corrupcao-no-brasil-chega-a-r-69-bi-por-ano/

AMARO D., "Brasil é o terceiro país do mundo que mais utiliza as redes sociais", Edição do Brasil, 2022.

https://edicaodobrasil.com.br/2022/06/10/brasil-e-o-terceiro-pais-do-mundo-que-mais-utiliza-as-redes-sociais/

ANDRADE G., "Brasil é o 2° país em que usuários passam mais tempo on-line", Metropoles, 2024,

https://www.metropoles.com/colunas/m-buzz/brasil-e-o-2-pais-em-que-usuarios-passam-mais-tempo-on-line

AVIS E., FERRAZ C., FINAN F. e VARJÃO C., "Money and Politics: The Effects of Campaign Spending Limits on Political Entry and Competition", American Economic Journal: Applied Economics, Vol. 14, n.4, 2022, 00. 167–199.

https://www.aeaweb.org/articles?id=10.1257/app.20200296

BANCO CENTRAL, Relatório, 2017.

BANDEIRA K., "Brasil é o quinto país com mais usuários de internet no mundo", Folha de Pernambuco, 2022.

https://www.folhape.com.br/colunistas/tecnologia-e-games/brasil-e-o-quinto-pais-com-mais-usuarios-de-internet-no-mundo/33765/

BARBOSA B. & QUINTELA F., "Mentiram para você sobre desarmamento", Vide Editorial, 2015.

BARROS C., "Brasil é um dos cinco países do mundo que mais vende terra para estrangeiros", El Pais, 2018.

https://brasil.elpais.com/brasil/2018/05/19/actualidad/1526766954_914923.html

BECKER G., "A treatese on the family", Harvard University Press, 1981.

BLUME B.A., O que é o foro privilegiado?, Politize, 2025, https://www.politize.com.br/foro-privilegiado-o-que-e/

BONIN R., "O bilionário orçamento da Justiça Eleitoral para 2024", *Veja*, 2024.

Brazil Investment and Business Guide Volume 1 Strategic and Practical Information, IBP. Inc., Lulu, 2015.

BUARQUE D., "Amazônia internacionalizada: um mito estúpido que parece nunca morrer", Diplomatizando, 2010.

https://diplomatizzando.blogspot.com/search?q=FINRAF

BUARQUE D., "Mapa da Amazônia dividida é mentira deliberada, diz diplomata brasileiro", G1, 2010.

https://g1.globo.com/mundo/noticia/2010/08/mapa-da-amazonia-dividida-e-mentira-deliberada-diz-diplomata-brasileiro.html

CALDEIRA J., "História da riqueza no Brasil: Cinco séculos de pessoas, costumes e governos", *Estação Brasil*, 2017.

CALEGARI L., "Brasil fica em 2º em ranking de ignorância sobre a realidade", EXAME, 2017.

https://exame.com/brasil/brasil-fica-em-2o-em-ranking-de-ignorancia-sobre-a-realidade/

CALEGARI L., "Quem são as 55 mil pessoas que têm foro privilegiado no Brasil", Exame, 2017.

https://exame.com/brasil/quem-sao-as-55-mil-pessoas-que-tem-foro-privilegiado-no-brasil/

CAMARA O., "Polícia brasileira: a que mais mata e a que mais morre", JUS, 2019.

https://jus.com.br/artigos/74146/policia-brasileira-a-que-mais-mata-e-a-que-mais-morre

CARUSED,

https://carused.jp/blog/usedcar-import-regulations/?srsltid=AfmBOorVRhN_lLq8h4Vol337qoMy-glgZyR2Nz-jbb7XvPIVwWO9gfFo

CARDEALPAGE,

https://www.cardealpage.com/regulation.html

CASTRO L., CAMARA O., & OLIVEIRA S., "How Different is the Brazilian Political System? A Comparative Study", 2021.

https://static.poder360.com.br/2021/07/Politica_International-1-1.pdf

COCOLO A., "Brasil é o 5º país que mais mata mulheres", Departamento de Comunicação Institucional, Unifesp, 2016.

https://www.unifesp.br/edicao-atual-entreteses/item/2589-brasil-e-o-5-pais-que-mais-mata-mulheres

COELHO T., "Brasil é o 4º maior produtor de lixo plástico do mundo e recicla apenas 1%", G1, 2019.

https://g1.globo.com/natureza/noticia/2019/03/04/brasil-e-o-4o-maior-produtor-de-lixo-plastico-do- mundo-e-recicla-apenas-1.ghtml

Comparative Constitutions Project, "CCP Ranknig", 2016. https://comparativeconstitutionsproject.org/ccp-rankings/

CORDEIRO T., "Roubo na Petrobras custou mais ao Brasil que ouro levado por Portugal", 2017.

https://www.gazetadopovo.com.br/ideias/roubo-na-petrobras-custou-mais-ao-brasil-que-ouro-levado-por-portugal-bhksh2wnd5qsl08e064ocj497/

CRIN, Child Rights International Network, "Minimum ages of criminal responsibility around the world".

https://archive.crin.org/en/home/ages.html

CULL R., PERIA M. S. M. & VERRIER J., "Bank Ownership trends and implicatiions", International Monetary Fund, WP/17/60, 2017.

https://www.imf.org/-/media/Files/Publications/WP/2017/wp1760.ashx

DEL CIOPPO J., "A shocking number of Americans would give up the right to vote for a raise", Business Insider, 2018.

https://www.businessinsider.com/35-of-americans-would-give-up-the-right-to-vote-for-a-raise-2018-4

DOBBIN G., "Brasil é o país que mais mata população LGBTQIA+; CLP aprova Seminário sobre o tema", Câmara dos Deputados, 2022.

https://www2.camara.leg.br/atividade-legislativa/comissoes/comissoes-permanentes/clp/noticias/brasil-e-o-pais-que-mais-mata-populacao-lgbtqia-clp-aprova-seminario-sobre-o-tema

EASTERLY W., LEVINE D., The European origins of economic development, Journal of Economic Growth, 221, pp. 225–257, 2016.

EVENETT S., "Trade Tensions Mount: The 10th GTA Report," Global trade alert, 2011.

https://cepr.org/system/files/publication-files/60342-gta_10_trade_tensions_mount.pdf

FERIADOS, 2025. https://feriados.com.pt/feriados/brasil/

FERNANDES F., "Mapped: Which Countries Get the Most Paid Vacation Days?", Visual Capitalist, 2023.

https://www.visualcapitalist.com/cp/mapped-which-countries-get-the-most-paid-vacation-days/

FRANCO G., "O isolacionismo brasileiro," O Estado de São Paulo, 2018.

FRIEDE R., "Feriados demais," O Globo, 2017.

FRIEDE R., "Brasil, Campeão Mundial em Feriados".

https://reisfriede.wordpress.com/2017/11/18/brasil-campeao-mundial-em-feriados/#:~:text=O%20Brasil%20%C3%A9%20o%20pa%C3%ADs%20com%20o%20maior,incluir%2C%20ainda%2C%20os%20dos%20estados%2C%20munic%C3%ADpios%20e%20distritos

G1, 2014.

https://g1.globo.com/economia/noticia/2014/09/brasil-e-o-7-pais-que-mais-tem-feriados-no-mundo-diz-consultoria.html

GIANTURCO A., A Ciência da Política, Atlas GEN, 2018.

GIANTURCO A., "Não é uma questão de cultura," Gazeta do Povo, 2025.

GIANTURCO A. AZAMBUJA L., "Capitalismo sem adjetivos," Gazeta do Povo, 2022.

GIANTURCO A. AZAMBUJA L., "O PSDB não é e nunca foi de direita", Revista Oeste, 2023.

GIANTURCO A., CERQUEIRA A., "200 anos de Secessão," Folha de São Paulo, 2022.

GIANTURCO A., "O muro caiu e Marx morreu", 2019.

GOMES B., "Só 3% dos réus com foro privilegiado são condenados," ESTADÃO, 2021.

https://www.estadao.com.br/politica/so-3-dos-reus-com-foro-sao-condenados/

GOOGLE. "Solicitações governamentais de remoção de conteúdo," 2025.

https://transparencyreport.google.com/government-removals/overview?t=table&p=2012-06

GORDON L. 2019.

https://www.researchgate.net/figure/Indoor-tanning-restrictions-across-the-world-in-2011-and-2019-Worldwide-restrictions-in_fig1_334982550

GOV.BR, "Brasil é reconhecido pelo Banco Mundial como o 7º líder em Governo Digital no mundo entre 198 países avaliados," 2021.

https://www.gov.br/pt-br/noticias/financas-impostos-e-gestao-publica/2021/09/brasil-e-reconhecido-pelo-banco-mundial-como-o-7o-lider-em-governo-digital-no-mundo-entre-198-paises-avaliados#:~:text=Brasil%20%C3%A9%20reconhecido%20pelo%20Banco%20Mundial%20como%20o,brasileiros%2C%20%C3%A9%20o%20fator%20que%20pesou%20na%20pontua%C3%A7%C3%A3o

HARRIS S., "Kiwis who evaded NYE Coromandel alcohol ban by building island revealed," The New Zeland Herald, 2018.

https://www.nzherald.co.nz/nz/kiwis-who-evaded-nye-coromandel-alcohol-ban-by-building-island-revealed/QNJBSIUS2GPP2CQJ4OGKKDKNVI/

HERITAGE FOUNDATION, Index of economic freedom, 2024.

HUANG Z. & LARDY N., "China Does Not Have the Highest Tariffs Among the Big Countries", Peterson Institute for International Economics, 2017.

https://www.piie.com/research/piie-charts/2017/china-does-not-have-highest-tariffs-among-big-countries

IBPT, "Mais de 700 normas são editadas diariamente no Brasil, desde a constituição de".

https://ibpt.org.br/mais-de-700-normas-sao-editadas-diariamente-no-brasil-desde-a-constituicao-de-88/

IDEA. "Compulsory Voting," 2023.

https://www.idea.int/data-tools/data/voter-turnout/compulsory-voting

INFOMONEY. "Spread bancário do Brasil é o 2º mais alto do mundo; entenda por quê", 2019.

https://www.infomoney.com.br/minhas-financas/spread-bancario-do-brasil-e-o-2o-mais-alto-do-mundo-entenda-por-que/

IPSOS, "People more likely to think their education system is poor than good", 2023.

https://www.ipsos.com/en-nl/people-more-likely-think-their-education-system-poor-good

INSTITUTO HUMANITAS UNISINOS. "Brasil é 10º país que mais mata jovens no mundo; em 2014, foram mais de 25 mil vítimas de homicídio", 2017.

https://www.ihu.unisinos.br/166-sem-categoria/565076-brasil-e-10-pais-que-mais-mata-jovens-no-mundo-em-2014-foram-mais-de-25-mil-vitimas-de-homicidio

INSTITUTO MONTE CASTELO, 2023.

https://montecastelo.org/mortalidade-policial/

KEMP S., 2022. "Digital 2022: global overview report" .

https://datareportal.com/reports/digital-2022-global-overview-report

KRAMER V., Gasto com funcionalismo no Brasil é maior que na OCDE, o "clube dos países ricos", Gazeta do Povo, 2023.

KRUGMAN P., "Reckonings; After The Horror," New York Times, 14.09.2001.

https://www.nytimes.com/2001/09/14/opinion/reckonings-after-the-horror.html

LOPES A., "Brasil é um dos cinco países com maior número de smartphones, mostra ranking," Exame, 2023.

https://exame.com/tecnologia/brasil-e-um-dos-cinco-paises-com-maior-numero-de-smartphone-mostra-ranking/

MAGALHÃES GANEM P. "Polícia brasileira é uma das que mais mata e mais morre", JUS.

https://www.jusbrasil.com.br/noticias/policia-brasileira-e-uma-das-que-mais-mata-e-mais-morre/268161484

MALI T., "Brasil deixa de ter o Legislativo mais fragmentado do mundo", Poder 360, 2023.

https://www.poder360.com.br/congresso/brasil-deixa-de-ter-o-legislativo-mais-fragmentado-do-mundo/

MATTAR S.

https://nyc3.digitaloceanspaces.com/institutoliberal/2022/04/Pai%CC%81s-dos-absurdos-04.04.22.pdf

MESQUITA B. B. & ALAISTAR A., "The dictator's handbook", Why Bad Behavior is Almost Always Good Politics", Public Affairs, 2012.

MORRONE B. & OSHIMA F. Y., "Samuel Pessoa: "O nó brasileiro hoje não é a corrupção, mas o Estado"", ÉPOCA, 2016.

https://epoca.globo.com/tempo/noticia/2016/03/samuel-pessoa-o-no-brasileiro-hoje-nao-e-corrupcao-mas-o-estado.html

MOTA C. V, Brasil tem milhares de cidades que não arrecadam o suficiente nem para sustentar prefeitura e Câmara, BBC.

https://www.bbc.com/portuguese/brasil-54669538

MOTA C.V., "Brasil tem milhares de cidades que não arrecadam o suficiente nem para sustentar prefeitura e Câmara", 2020.

https://www.bbc.com/portuguese/brasil-54669538

NARLOCH L., Guia politicamente incorreto da história do Brasil, 2009.

NUÑEZ B., O exagero do foro privilegiado no Brasil, Jus, 2017.

https://jus.com.br/artigos/62353/o-exagero-do-foro-privilegiado-no-brasil

OBERLO, 2024.

https://www.oberlo.com/statistics/social-media-usage-by-country

OCDE, "Key Data on Local and Regional Governments in the European Union ", 2018.

https://www.oecd.org/regional/EU-Local-government-key-data.pdf

OLIVEIRA J., "A farra do foro privilegiado", Revista Oeste, 2020.

https://revistaoeste.com/revista/edicao-20/a-farra-do-foro-privilegiado/

ONU, "E-Government Survey 2022: The Future of Digital Government", 2022,

https://desapublications.un.org/sites/default/files/publications/2022-09/Web%20version%20E-Govenment%202022.pdf

ORACULO, "É verdade que jabuticaba só existe no Brasil?", SUEPERINTERESSANTE.

https://super.abril.com.br/coluna/oraculo/e-verdade-que-jabuticaba-so-existe-no-brasil#:~:text=dos%20Brejos%2C%20BA-,N%C3%A3o.,Latina%2C%20como%20M%C3%A9xico%20e%20Argentina

Organização Internacional do Trabalho, Statistics on working time, 2024.

https://ilostat.ilo.org/topics/working-time/

OROZCO-HENRIQUEZ J., "Electoral Justice: The International IDEA Handbook", 2010.

http://www.idea.int/sites/default/files/publications/electoral-justice-handbook.pdf

Penal Reform International, "Life Imprisonment. A policy briefing", 2018.

https://cdn.penalreform.org/wp-content/uploads/2018/04/PRI_Life-Imprisonment-Briefing.pdf

OUR WORLD IN DATA, "Urbanization", 2024.

https://ourworldindata.org/urbanization

OUR WORLD IN DATA, "Economic Inequality", 2023.

https://ourworldindata.org/economic-inequality

OUR WORLD IN DATA, "Mental disorders as a share of total disease burden ", 2021.

https://ourworldindata.org/grapher/mental-and-substance-use-as-share-of-disease#all-charts

OUR WORLD IN DATA, "Share of population with an alcohol use disorder", 2021.

https://ourworldindata.org/grapher/share-with-alcohol-use-disorders?mapSelect=~OWID_SAM

OUR WORLD IN DATA, "Alcohol Consumption" 2024.

https://ourworldindata.org/alcohol-consumption

QUADRONI A., "Gli svizzeri non pagano le multe: a Como 900 contravvenzioni non saldate", TIO.

https://www.tio.ch/svizzera/attualita/1623185/multe-como-contravvenzioni-pagate-sanzioni#:~:text=Sul%20sito%20della%20Fedpol%20viene,d'ingiunzione%20molto%20elevate%C2%BB

REDAÇÃO ESTADÃO, Estudo mostra que o Brasil esclarece só 37% dos homicídios, ESTADÃO, 2022.

https://mobilidade.estadao.com.br/na-perifa/estudo-mostra-que-brasil-esclarece-so-37-dos-homicidios/#:~:text=O%20Brasil%20est%C3%A1%20abaixo%20da,e%20da%20Europa%20(92%25)

REDAÇÃO, "Brasil é o país que mais mata ativistas pela terra, de acordo com relatório da Global Witness", Conectas, 2022.

https://www.conectas.org/noticias/brasil-e-o-pais-que-mais-mata-ativistas-pela-terra-de-acordo-com-relatorio-da-global-witness/

REDAÇÃO, "Brasil tem estatais demais? 5 perguntas sobre privatização", BBC.

https://www.bbc.com/portuguese/brasil-49428758

REDAÇÃO EXAME, "Polícia brasileira é a que mais mata no mundo, diz relatório", Exame, 2015.

https://exame.com/brasil/policia-brasileira-e-a-que-mais-mata-no-mundo-diz-relatorio/

REDAÇÃO ESTADÃO, "Constituição do Brasil é a mais alterada entre 11 democracias", 2022.

https://www.istoedinheiro.com.br/constituicao-do-brasil-e-a-mais-alterada-entre-11-democracias/

REDAÇÃO G1, "Em 67 anos, Brasil criou 3.990 municípios, aponta Atlas do IBGE", 2010.

https://g1.globo.com/brasil/noticia/2010/12/em-67-anos-brasil-criou-3990-municipios-aponta-atlas-do-ibge.html

REDAÇÃO, "Em 67 anos, Brasil criou 3.990 municípios, aponta Atlas do IBGE", G1.

https://g1.globo.com/brasil/noticia/2010/12/em-67-anos-brasil-criou-3990-municipios-aponta-atlas-do-ibge.html

REDAÇÃO PERSPECTIVE IN ANTROPOLOGY, "Masked Discontent: Corruption in Brazil and Latin America".

https://perspectivesinanthropology.com/masked-discontent-corruption-in-brazil-and-latin-america-2/#:~:text=In%20Brazil%2C%20the%20figure%20is,R%2480%20billion)%20a%20year.&text=Although%20corruption%20has%20been%20around,a%20considerable%20amount%20of%20attention

REDAÇÃO PODER360, "Brasil está em 5º em ranking de pedidos para remoção de conteúdo!, PODER360, 2023.

https://www.poder360.com.br/midia/brasil-esta-em-5o-em-ranking-de-pedidos-para-remocao-de-conteudo/

REDAÇÃO POPONLINE, "Brasil é o terceiro país com mais usuários do YouTube em 2023, aponta pesquisa", POPONLINE, 2023.

https://portalpopline.com.br/brasil-usuarios-youtube-2023/

REDAÇÃO TERRA, "Brasil é o 5º país com maior número de celulares no mundo", 2023.

https://www.terra.com.br/economia/brasil-e-o-5-pais-com-maior-numero-de-celulares-no-mundo,c7ca933597dbeeea193f2e37fe9c03a4np70pm0b.html

REED L., "Did Turkey and Syria Get an Economic Boost from the Earthquake?", FEE, 2023.

https://fee.org/articles/did-turkey-and-syria-get-an-economic-boost-from-the-earthquake/

ROCHA M., "Brasil é o país em que mais se acredita em Deus no mundo", Conexão Política.

https://www.conexaopolitica.com.br/internacional/2023/05/22/brasil-e-o-pais-em-que-mais-se-acredita-em-deus-no-mundo/

ROSSI J., "Quanto os políticos ganham a mais que o povo?", Diversamento, 2017.

https://blogdojeffrossi.blogspot.com/2017/07/quanto-os-politicos-ganham-mais-que-o.html

ROTHER L., "Ideas & Trends; Deep in Brazil, a Flight of Paranoid Fancy", New York Times, 2002.

https://www.nytimes.com/2002/06/23/weekinreview/ideas-trends-deep-in-brazil-a-flight-of-paranoid-fancy.html

SACHS J. e WARNER A. M., "Natural Resources and Economic Development. The curse of natural resources", European Economic Review, Volume 45, Issues 4–6, 2001, pp. 827–838.

SANTAROSA G., Brasil é 7º no ranking mundial de governo digital e 1º nas Américas, tecnoblog.

https://tecnoblog.net/noticias/2021/09/30/brasil-e-7o-no-ranking-mundial-de-governo-digital-e-1o-nas-americas/#:~:text=O%20Brasil%20ocupa%20o%20primeiro%20lugar%20nas%20Am%C3%A9ricas,a%20ter%20mais%20de%20100%20milh%C3%B5es%20de%20habitantes

SERRANO B., "Minimum Voting Age around the World", CODEPEN.

https://codepen.io/blythe/pen/yYoBgB

SHALDRES A., "Brasil tem o 2° Congresso mais caro do mundo; veja valores", ESTADÃO.

https://ndmais.com.br/politica/brasil-tem-o-2-congresso-mais-caro-do-mundo-veja-valores/

SILVA CA. R., GRANDIN F., CAESAR G. e REIS T., "Com 322 encarcerados a cada 100 mil habitantes, Brasil se mantém na 26ª posição em ranking dos países que mais prendem no mundo", 2021.

https://g1.globo.com/monitor-da-violencia/noticia/2021/05/17/com-322-encarcerados-a-cada-100-mil-habitantes-brasil-se-mantem-na-26a-posicao-em-ranking-dos-paises-que-mais-prendem-no-mundo.ghtml

Sindicato dos Servidores do Poder Judiciário Federal em Goiás, "Só no país Justiça Eleitoral tem tantas atribuições", JUS, 2010.

https://www.jusbrasil.com.br/noticias/so-no-pais-justica-eleitoral-tem-tantas-atribuicoes/2394674

SODRÉ M. "Congresso Nacional custa R$ 23 milhões por dia" JUS, 2013.

https://www.jusbrasil.com.br/noticias/congresso-nacional-custa-r-23-milhoes-por-dia/111749653

SPERANDIO L. Por que os juros são tão altos no Brasil? E como reduzi-los? Instituto Liberal, 2023.

STATISTA, "Countries with the largest number of prisoners", 2025.

https://www.statista.com/statistics/262961/countries-with-the-most-prisoners/

STATISTA, "Countries with the largest number of prisoners per 100.000 of the national population", 2025.

https://www.statista.com/statistics/262962/countries-with-the-most-prisoners-per-100-000-inhabitants/

STATISTA, "Ranking of the most dangerous countries in the world in 2024, by murder rate", 2024.

https://www.statista.com/statistics/262963/ranking-the-20-countries-with-the-most-murders-per-100-000-inhabitants/

TAVARES N. F., "Foro por prerrogativa de função no direito comparado", Câmara dos Deputados, 2015.

https://bd.camara.leg.br/bd/bitstreams/f5e6454a-340c-4b0e-8900-6580ec4e24ec/download

TEIXEIRA D., "TSE? Jabuticaba? O que só existe no Brasil?", Veja, 2024. https://veja.abril.com.br/coluna/duvidas-universais/tse-jabuticaba-o-que-mais-so-existe-no-brasil

TESOURO.GOV, 2024. https://empresas-estados.tesouro.gov.br/#:~:text=Com%20quantas%20estatais%20se%20faz%20um%20estado%3F,%C3%A9%20resultante%20de%20mudan%C3%A7a%20metodol%C3%B3gica.

The Economist, "The minimum age of criminal responsibility continues to divide opinion", 2017. https://www.economist.com/graphic-detail/2017/03/15/the-minimum-age-of-criminal-responsibility-continues-to-divide-opinion

TOMAZELLI I., UOL, 2021. https://economia.uol.com.br/noticias/estadao-conteudo/2021/05/18/brasil-gastos-servidores-publicos-tesouro.htm

TUCCILLIO A., "Você sabe quantas pessoas têm foro privilegiado no Brasil? 55 mil!", Gazeta do Povo, 2021. https://www.gazetadopovo.com.br/opiniao/artigos/voce-sabe-quantas-pessoas-tem-foro-privilegiado-no-brasil-55-mil/

TURNER N. "Masked Discontent: Corruption in Brazil and Latin America", *Perspective in anthropology*, 2019. https://perspectivesinanthropology.com/masked-discontent-corruption-in-brazil-and-latin-america-2/#:~:text=In%20Brazil%2C%20the%20figure%20is,R%2480%20billion)%20a%20year.&text=Although%20corruption%20has%20been%20around,a%20considerable%20amount%20of%20attention

VELASCO C., "Número de assassinatos cai 1% no Brasil em 2022", G1. https://g1.globo.com/monitor-da-violencia/noticia/2023/03/01/numero-de-assassinatos-cai-1percent-no-brasil-em-2022.ghtml

VENTURA F., "Brasil é 4° país que mais pede remoção de conteúdo ao Google", Giz Mundo, 2012.

https://gizmodo.uol.com.br/brasil-google-transparency-report/

VENTURA F., "Brasil segue líder em pedidos para remover conteúdo do Google", Giz Mundo.

https://gizmodo.uol.com.br/brasil-segue-lider-em-pedidos-para-remover-conteudo-do-google/

VENTURA L., "World Inequality Ranking By Country 2022", Global Finance, 2022.

https://www.gfmag.com/global-data/economic-data/world-inequality-ranking

VIEIRA G. P., "Brasil é o 5º país que mais solicita remoção de conteúdo do Google".

TECMUNDO, 2021.

https://www.tecmundo.com.br/internet/214743-brasil-5-pais-solicita-remocao-conteudo-google.htm

VITORINO F., "Brasil cai para último lugar no ranking de status do professor" G1, 2018.

https://g1.globo.com/educacao/noticia/2018/11/08/brasil-cai-para-ultimo-lugar-no-ranking-de-status-do-professor.ghtml

WATANABE M., "Tarifa de importação cai menos no Brasil que em outros países", *Valor Econômico*, 2017.

WELLER C., "Denmark's free education policy has created 'eternity students' who never graduate", Business Insider, 2017.

https://www.businessinsider.com/denmark-free-education-creates-eternity-students-who-never-graduate-2017-11

WORLD ECONOMICS, "GDP per Capita Rankings: 2024", 2024.

https://www.worldeconomics.com/Rankings/Economies-By-GDP-Per-Capita.aspx

World Economics, 2025.

https://www.worldeconomics.com/Rankings/Economies-By-GDP-Per-Capita.aspx

WORLDATLAS, "Countries Bordering The Highest Number Of Other Countries", 2025.

https://www.worldatlas.com/articles/countries-bordering-the-highest-number-of-other-countries.html

WORLD ATLAS, "Legal Voting age by country", 2025.

https://www.worldatlas.com/articles/legal-voting-age-by-country.html

WORLD BANK, "Tariff rate, applied, weighted mean, manufactured products (%)".

https://data.worldbank.org/indicator/TM.TAX.MANF.WM.AR.ZS?year=2020

World Health Organization, "Road traffic mortality rate (per 100 000 population)", 2024.

https://data.who.int/indicators/i/B9D9E6A/D6176E2?m49=076

World Justice Project, 2024.

WORLD METERS, "Largest Countries in the World", 2025.

https://www.worldometers.info/geography/largest-countries-in-the-world/

WORLD POPULATION REVIEW, "Road Deaths by Country 2025".

https://worldpopulationreview.com/country-rankings/road-deaths-by-country

WORLD POPULATION REVIEW, "Average Workweek by Country".

https://worldpopulationreview.com/country-rankings/average-work-week-by-country

WORLDPOPULATIONREVIEW, "Average Workweek by Country" 2025.

https://worldpopulationreview.com/country-rankings/average-work-week-by-country

WORLDPOPULATIONREVIEW, “Countries by Population Density”, 2025.

https://worldpopulationreview.com/country-rankings/countries-by-density

WORLDPOPULATIONREVIEW, Depression Rates by Country 2025.

https://worldpopulationreview.com/country-rankings/depression-rates-by-country

WORLDPOPULATIONREVIEW, “Incarceration Rates by Country 2025” 2025.

https://worldpopulationreview.com/country-rankings/incarceration-rates-by-country

WORLDPOPULATIONREVIEW, “Murder Rate by Country”, 2025.

https://worldpopulationreview.com/country-rankings/murder-rate-by-country

WORLDPOPULATIONREVIEW, “Police Killings by Country”, 2025.

https://worldpopulationreview.com/country-rankings/police-killings-by-country